関西怪談

田辺青蛙

JN048069

竹書房
怪談
文庫

目次

大阪と京都とそれぞれの町をふらふらしながら数十年間過ごしてきた。

小さい頃から何となしに集まった不思議な話が、ある日それなりの数になっているこ
とに気が付いた。

ぼんやりと日々を過ごしてきた土地に、こんな不思議な話があったんだと驚かされる
ことがまだまだ多い。

この企画を切っ掛けに、大阪や京都の話を記していこうかなと思っている。

連絡まつ村

大阪駅からJR大阪環状線で一駅の天満《てんま》から、歩くこと数分の場所に天満市場がある。ぷららてんまの名前でも知られる天満市場は、京橋南詰にあったものが慶安《けいあん》の頃に移転し、その後昭和二十年に大阪大空襲で焼けてしまったために、昭和二十四年に元東洋紡績天満工場跡地に再建されて、今に至るという。

ある日、天満市場で買い物を済ませてから、駐輪場スペースに停めてあったベビーカーを見ると黒い金具の部分に、見知らぬ老人の顔のマグネットが貼り付いていた。老人の顎の部分には赤黒い文字で「幸福を」と書かれている。

いたずらにしてはちょっと気味が悪いなと思い、子供をベビーカーに乗せ、市場の人にこんな物が貼られていたと告げると「ああ、連絡まつ村の違うやつですね。気持ち悪かったらそこのごみ箱に捨てて行ってください」と言われた。

それが「連絡まつ村」という言葉を知った切っ掛けだった。

見るからに気風が良さそうな市場の人に、それは何かと聞いてみた。

あまりにも、知っていて当然のような口ぶりで話していたからだ。

「連絡まつ村って何ですか？」

「その顔の貼り紙知らん？　連絡まつ村って書いてあって、ここにも何回も貼られとったことがあってん。扇町《おうぎまち》公園とか高架下とかこの連絡まつ村のおっちゃんのシール一杯あるけど見たことあれへんの？」

「いや、初めて見ました」

「いたずら何かほんまに人探しのつもりでやってるのか分からへんけど、何年も前からあちこちにあんで」


気になったので天満市場から扇町公園に行ってみたところ、プール近くの歩道橋の手すりやコンクリートのベンチ、電柱やガードレールにかなり剥げて色あせたものであったが、例の顔の下に「連絡まつ村」と書かれていた。

天満駅から大阪駅に向かうＪＲの架線沿いにも何枚か貼られており、中にはどうやってあんな場所に貼ったのか、想像もつかない高い所にもあった。

パターンは何種類かあり、老人が帽子を被っている物、被っていない物、服装も違う物、が三種類ほどあるようだった。

文字のパターンも色違いで、私が確認した範囲では六種類あった。

文字がなく顔だけの物や、顎《あご》の部分に「元気ですか？　連絡待つ」とあるのや「連絡まつ村。早く！」と文字が額《ひたい》に書かれていた。

それにしても、この老人が誰なのか情報がないし、インターネット上で検索しても分からない。

この老人をたとえ見つけたとしても、シールやマグネットを貼った主に知らせようとしても連絡先が記載されていないので出来ない。

誰が連絡を待っているのか、どこに連絡をすればいいのか全く分からず、ただ凄い熱量で相当数のシールやビラやマグネットをそこら中に貼ったことだけが「連絡まつ村」のことを追っていて分かった。

しかし、ある日突然、あれだけベタベタに貼られていた「連絡まつ村」のマグネットもビラもステッカーも急に無くなった。

その年の秋以後、新しく貼られたものは見ていないし、前からあった物も殆ど剥がされてしまっている。残っている物も表面が摩耗していて文字まで見える物は今現在、私が確認出来る範囲では殆どない。

新しい「連絡まつ村」が貼られなくなった理由は分からない。

もしかしたら、あの老人と連絡が取れたからだろうか？

家の守り神

関西の古い家では、棲み着いている動物を、神様のお使いや守り神とすることがある。

私が大阪市住吉区にいた時に住んでいた家は、戦前から建っていた古民家で、小さな蛇が棲んでいた。

それを母は「おまもりさん」と呼んでいて、正月になると台所に小さな餅と共に「おまもりさん」用にと言って短い蝋燭《ろうそく》を灯していた。母は古い家の人だったので、私の知らない色んなルールを守っているようだったがそれが何に基づいているのか、どうしてルールに従っているのか、意味を教えてくれたことは無かった。


古い家の守り神やお使いに関する話は、なぜか定期的に私のところに集まって来る。

インターネットの出会い系サイトで知り合ったK子さんの交際相手のYさんは、京都府南部の山城《やましろ》地域の古い大きな家に住んでいた。Yさんの趣味は車で、大きな黒松のある庭と続きになっている駐車場には何台も外車が停まっていたそうだ。

「俺は長男やし、両親との同居で住まいも駅から遠い。車がないとどっこも行かれへんような家やからか、見合いも何回かしたけど全部断られた。女性とは縁が今まで全く無くって、付き合ってくれる人が見つかってほんまに嬉しいわ。でも両親には知り合いの紹介で出会ったって言うてな」

Yさんの家は農家で、持っていた土地が高く売れたとかで羽振りもよく、K子さんの付き合った今までの彼氏と比べると野暮ったく、タイプでは無かったのだが、親類の勧めもあってとんとん拍子で話が進み、付き合い始めてから半年で結婚ということになった。

結婚披露宴は古い家だけに呼ぶ人も多く、席次やら引き出物を決めるのは大変だったそうだ。そんな披露宴の時に、Yさんの親族からスピーチで聞いた言葉がK子さんは気になった。

「こんな素敵なお嫁さんが来てくれて、さぞや、おいえさんも喜んではるやろうなあと思います」

「おいえさんも今日のYくんの姿を見て安心していることでしょう」

他の人のスピーチでも出て来た言葉だった「おいえさん」とは何だろう？山城地域独特の言葉や言い回しなのだろうか？

意味を聞こうかと思ったけれど、式の疲労と忙しさで、しばらく忘れてしまっていたそうだ。

結婚してから数か月後、昼間に急に大きな箱をひっくり返したような、ドタドタドターン！　ダーン！　と大きな音が天井裏から聞こえた。

最初屋根裏に箪笥でもあって、それが何かの拍子で倒れたのかと思えるほど大きな音だった。

古い家だし天井が抜けて怪我したら嫌だしどうしよう。でも、確かめるにしても埃っぽい天井を見るのは嫌だ。虫の死骸や蜘蛛の巣だって張っているかもしれない。

とりあえずYさんが帰って来るまでその部屋には入らないように決め、夜にK子さんはYさんに天井裏の大きな音のことを告げて、近いうちに何が倒れたのか確かめて欲しいとお願いした。

「ああ、そりゃ、おいえさんだよ。心配しなくってていい。日の光を嫌うから、天井裏が騒がしくっても開けたり覗いたりするんやないぞ」

「おいえさんって何なの？　スピーチでも聞いたけど、天井裏に何があるの？」

「おいえさんは物やない。生きてはる」

「じゃあ何か天井裏で飼ってるの？」

「アホ言え、おいえさんは飼えるもんと違う。我が家の守り神や」

変な新興宗教の類かと思って色々と聞いてみると、それは屋根裏に住んでいるイタチで、この辺りの地域信仰ということが分かった。

Yさんの家は、古くから屋根裏に住んでいるイタチを守り神として大切にしているらしく、それを「おいえさん」と呼んでいる。かなり大きいイタチで、ちょっとした犬くらいのサイズだということだった。

神棚に供えたご飯や、庭のどこかに義母が置いた餌などを食べて、何世代にもわたって天井裏に住み続けているらしい。

「大切にすると家にな、富をもたらしてくれるんや。うちにある神棚には古いおいえさんの毛が入った箱が置いてある。御先祖様とずっと一緒にこの家で暮らしてきたんや」

煙草を吸い、紫煙を吐き出しながらYさんが言った。

何年も昔からいるのなら大丈夫かなと思い、K子さんはおいえさんの立てる音にやがて慣れもあってか、それほど気にならなくなっていった。

それからしばらくして、妊娠の兆候がK子さんに現れた。

病院に行くと、医師からペットについて尋ねられた。

理由はというとペットから、トキソプラズマという細胞内寄生性原虫に感染する可能性があるからだという。妊娠初期にトキソプラズマに感染した場合、お腹の赤ちゃんに経胎盤感染することがある。その場合、妊娠中の胎児死亡や流産、網脈絡膜炎、小眼球症、水頭症等を引き起こす可能性がある……と、恐ろしいことを医師から聞いてK子さんは頭の中に「おいえさん」と呼ばれているイタチがパッと浮かんで震え上がった。

医師においえさんのことを話し、イタチからでもトキソプラズマに感染する可能性があるかどうかを聞いてみた。

答えは「ある」ということだった。

「野性の生き物と生活空間を共にするのは感染確率も高く、対策を取ることをお勧めします」

医師の言葉を聞いて、お腹の中にいる、小さな心臓の音がやっと確認出来たばかりのわが子のことを思い、K子さんは家族に内緒でとある決心をした。

それは、おいえさんを始末することだった。

古い迷信に囚われた夫や、義母や義父は多分おいえさんを追い出したり駆除してくれと頼んでも受け入れてくれないだろう。

そこでもし万が一、わが子が薄汚い天井裏に住むイタチのせいで、病気になったり生まれなかったらと思うと居ても経ってもいられない。

母は強し。思い立ったK子さんは薬局でなるべく強力で即効性がある殺鼠剤は無いかと聞いてから購入し、小麦粉をこねた団子に混ぜて夜、天井裏にそっと置いた。

手においえさんのフンが付いていると、トキソプラズマに感染する可能性があるので念入りに何度も何度も石鹸で手を洗い、K子さんは床についた。

Yさんは今夜は寄り合いがあると朝家を出る時に聞いているので、帰りは遅いだろう。

翌朝「ぎゃあああああ!!」という大きな義母の悲鳴で目を覚ました。

家族の皆が駆け付けると、台所で赤い舌を伸ばしたまま、おいえさんが死んでいた。

茶と明るいクリーム色を混ぜた毛色で、中型犬ほどの大きさだった。

義父は義母に対して「今までもおいえさんの亡骸を見たことはあるし、寿命とちゃうか?」と言っていたが、義母は頭を小刻みに何度も左右に振ってそれは違うと反論した。

「それはないで。だってこのおいえさんはまだ若いもん。ちょっとここ見てみ、お腹膨れてはるやろ。K子さんと同じで子を持っているから縁起がええと思って、最近餌も増やしてたてん。このお家の繁栄をお願いして、毎日お祈りしとったのに急に亡くなるなんて、信じられへん……お家に何かある前触れやろうか」

義母は震えながら話していて、顔色は真っ青だった。

「気にし過ぎや、ちょっと休んどけ。生き物の死は突然なこともある。人でもあるやろ、昨日まで元気にバリバリ働いとった人がぽっくり逝くこと」

義父の横でYさんは黙って、イタチの死骸の前で手を合わせて泣いていた。

K子さんはちょっと体調が悪いので、と言ってその場を去り、天井裏の殺鼠剤入りの団子を素知らぬ顔で片づけた。

なんだかせいせいして、体の中に充実した達成感があった。

それだけでなく、資産家というわりにはけち臭く、使ったトイレットペーパーの量やシャワーの時間に口出ししてくる義父母のことを疎ましく最近感じていたこともあり、ちょっとした復讐をやってのけた気持ちさえ感じていた。

ただ、おいえさんのふさふさの毛で覆われた下腹部がぽっこりと膨れていた姿を思い出すと気分は沈んでしまった。

獣でも、母は母、自分と同じ立場だったのだ。

おいえさんの亡骸は庭に埋められてから、近所のお寺からお坊さんまで来てお経をあげて供養された。

その間、K子さんは居心地が悪かったが顔に出さないように努め、表向きはほかの家族同様に、イタチのおいえさんの死を悼んでいるように見せた。

それから一週間後、K子さんのお腹の中にいた小さな命は消えてしまった。


目の前でこの話を語ってくれたK子さんは下を向き、ハンカチで目じりを押さえ、嗚咽混じりでその後の顛末《てんまつ》を教えてくれた。

「早期流産は妊婦の二割近くに起こりうることだって、看護師さんから聞いていたし、原因は染色体異常だって知っていたんだけど、罰が当たったような気がして。

だって凄い楽しみにしてたし、この子が大きくなったら何しようとか、産着をそろそろ買い揃えなくっちゃとか、毎日想像していたんです。それに……その翌年に反復流産してしまって、関係ないと自分に言い聞かせたかったんですが、どうしてもあの時のおいえさんのお腹がぷっくりしていたのが気になってしまって。

それが理由ってわけじゃないけれど、何かYの嫌なところが目につき始めたし、それに浮気も判明して別れたんです。今は仕事に戻って婚活アプリで恋人を探しながら、毎日を楽しく過ごそうと頑張ってます」


K子さんは、最近よくYさんの名前を出会い系サイトやアプリでよく見かけるという。

「私と同じで再婚相手を探しているんでしょうね。ただ写真が本人じゃないのを使っているんですよ。年齢も偽ってるし最低ですよ。子供のことは残念だったけれど、あの男とは別れて良かったです」

携帯電話の画面で見た彼は、上目遣いのアイドルのような写真を使っていた。

プロフィール欄には【外車でドライブ好き女子求ム！　急募！】と書かれていた。

おいえさんが居なくなった後もYさんの家は裕福で、落ちぶれてはいないという。

役場の稲荷

「ふるさと怪談」というチャリティ・イベントを企画していた時に、協賛の関西圏のとある市役所の方から聞いた話。

場所はぼかして欲しいと言われたから詳しくは書かない。

その市役所のデスクには、座ると病むデスクがあるという。

何でも市役所が建つ前、その場所には古墳と稲荷神社があった。

お祓いをして、古墳を壊し稲荷神社は別の場所に移して市役所を建てたわけだが、どうしてか、かつて稲荷神社があった場所と同じ位置に置かれているデスクに座った人は体調を崩してしまう。それは二階でも三階でも同様で、勤務中に気分が悪くなって業務に支障が出てしまうらしい。

限られた役場のスペースと予算の関係で、どうにもできない。仕方がないので、そのデスクは特定の人の席ではなく、職員みんなの共同作業場としている。そして長時間そのデスクではなるべく作業しないように指導しているという。

去年、地元の郷土史家からこんな話を聞いた。

「あれは稲荷やなくって、もっと別の古い神様を鎮《しず》めている祠《ほこら》やった。何の神様か定かでないからか、いつの間にか誰かが勝手に稲荷神社ということにしたんやで」ということだが、真偽については分からない。

明治のコレラ塚

私、数年前まで質屋やっとったんです。

質にはね、色んなお客さんがおりましたわ。

見るからに明らかな偽物をね、これは本物や！　馬鹿にしやがって！　足元見るな！　って怒る人とかね。でも、それロゴも文字も違いますやんって言ったら、だからレアなんじゃあ！　っ更に怒られたりしてね。

まあ、他にもブランド物でもボロボロでゴミにしか見えない物を平気で持ってくるとか、盗品やろこれって疑いたくなるもんとか、ほんま色々ですわ。子供のらくがきみたいな墨で描いた絵を持ってきて、これぞ円山応挙《まるやまおうきょ》の真筆や！　とかね。

骨壺を骨董の壺と間違えて持ってくる人も定期的におりましたね。中にはまだお骨が入ったままの物もあって、こんなん買い取りなんかしたら罰当たるさかいに早く持って帰って下さいって言うたら、いやあ気持ち悪いしそんなん入ってるって知らんかったもん、そっちで処分してえやとかね。

だいたい質屋を鑑定する所と勘違いしている輩《やから》が何故か一定数おりましてねえ。買い取り不可やって言われたらすっと帰って欲しかったですわ。

偽物か本物かとか、幾らくらいの価値とかなんでも分かる場所と違うっていうのに。


で、今日ここで話しよう思ったのはそういう罰当たりの類の話ですわ。

十数年前の冬にね、六十代後半くらいの二人組の男が風呂敷に包んでティッシュ箱くらいの大きさの石を持って来たんです。

そしてシュッと風呂敷をほどいて、これは歴史的な価値があるもんやと思いますが、幾らで買い取ってくれますか？　おそらく名家か武士に関連するもんやと思うんですって言いだして。もうその言葉を聞いた時点で帰れ！　って言いたなっててんけど、その場におった常連さんが歴史好きでね、見るだけ見てみたら？　って言われて。

仕方なく、質草になりそうかどうか形だけでも見ることになってしもうたんです。

石は楕円形で表面に文字が彫ってあって、片方の面には「虎」と「刺」って文字がありました。

裏側には何やら名前らしき文字が確認出来てんけど、摩耗が激しくってルーペで見ても読み取ることが出来ひんかった。

何か文字書いてあるけど、わからんし、うちは買い取り出来ませんって言うたら横の常連さんが、虎の文字が刻まれてるのは勇ましくてええ、もしかしたら甲斐の虎の武田家に関する物かもしれんし。なあ、これどこに手に入れたんや？　って男二人に聞いてね、そしたら出所は教えられんけど二万やったら売ったると常連さんに勧めた。

そしたら、高い！　五千円でどうやって五千円札、当時は新渡戸稲造《にとべいなぞう》を一枚ぺろっと渡すと、石をすっと受け取って、常連さんは帰ってしもうた。

石を持ち込んだ二人も五千円でもええかと思ったんか、常連さんが出た後すぐに店から出てね、私の店先で勝手に物をやりとりされて私には一円も入らずで、何や損したなあと思ったその翌週、店の前に手紙と一緒にあの石が置かれとった。

手紙には石を五千円で買った常連さんの名前が書いてあって、手紙を読むと「頼むからこれ、受け取って、そちらで処分をお願いします」とあった。

そんなこと言われても困るし弱ったなあって。

皆さん、石ってどうやって処分するか分かります？

自治体によっては石とか土とかって普通ゴミで出せないでしょ。だから、業者に引き取ってもらうか埋め立てゴミの日まで待たないと駄目なんですよ。

とりあえず、常連さんの番号に電話かけたら奥さんが出はってねえ、本人は病院に行かはったっていう。

ここしばらく調子悪いって臥せっとって、何か石の祟りやとか言うてましたわって。それ聞いて何か嫌な気になってねえ、石の祟りいうて、その石が手元にあるわけでしょ。常連さんも病院から何時に戻るか分からんって奥さんが言うてはったから、家で待つわけにもいかんし。

たまにねえ、うちらの業界でも質草の呪いみたいな噂はあって、確かめようがないんやけど、事故に遭った人がしとった時計やら指輪やらは付けてたら同じように事故に遭うとかね、聞くんですよ。

私怖がりやから、店の表にちゃちゃちゃっとマジックで臨時休業って書いた紙を貼って、近所の神社にもう本当に困った時の神頼みと思って例の石を持って駆け込んだんです。

そしたら宮司さんが、あっ！　って声出しはって、それからこれは……って言いかけて止まったんですよ。

何か相当にヤバイもんかなと思って、生唾飲みこんで黙っていたら、宮司さんがこれ、うちの所にあったコレラ塚の石やないか！　ほら、ここに虎列刺《これら》って彫ってあるでしょう。なんであんたさんが持っててんのって。

なんでも神社の裏手にあった塚の合間に埋もれとった石で、宮司さんも無くなっとったことは知らんかったみたいで、私が持ち込んだのをみてえらい驚いたみたいですわ。

とりあえずお祓いは受けました。

前に賽銭箱を盗まれたことがあったから、監視カメラを付けたとったんやけど、石のあった塚のある場所は、普段お参りする人もおれへんから、そっから何盗まれても気が付かれへんかったみたいで。

でも、なんでこんなもん盗んだんやろねえって、茶を飲みながら話したんですけどね。盗んだ奴はあの二人組やと思ったから、うちに持ち込みした時の話して。虎という文字を見て何か武将に関連するもんと思ったらしいですって伝えたら、酷い酷いと宮司さん嘆いてはりましたわ。

虎列刺塚は明治時代に関西でコレラの大流行した時に作られた塚でね、宮司さんから聞いた話は悲惨でしたわ。

コレラが大流行した時に、これ以上被害が広がらないようにと学校の先生が石炭酸を配ってね、それは感染者が出たら家の周りに消毒用に撒けってことやってんけど、受け取った親がこれを飲めば治ると勘違いして、薬として飲ませて子供さんが八人亡くなったらしい。

内臓が焼けて痛い痛い辛いと、爪が剥げるくらいあちこちを掻き毟って苦しんだそうです。

そういう話を聞いたら、なんか血の気がすうって失せた気になってきたもんやから、常連さんの家に神社から走って行ってんけど、まだ病院から戻って来てへんかった。

奥さんに、家で待たしてくれって言うても断られたから、その日宮司さんから聞いたことを手紙に記して、夜中にポストに投函したんや。

そしたら一週間くらいしてから電話がかかって来てね、常連さんから家に来てくれって誘われたから、行ったんです。

ピンポン押して、家に上がったらお茶出してもろうて、安楽椅子に座って待っとったら「内臓が全部溶けて水になったみたいな酷い下痢やってんぞ!」と言いながら常連さんが出てきた。

そっからの話は汚いから、詳しいことはなるべく言わんようにしますけど……。

まあ、ちょっとだけ言うと、何飲んでも何してても下からじゃーじゃー出て、病院にも大人用のおむつしてよろけながら行ったらしいですわ。

近くの内科の先生もよう分からんし、大きい病院に紹介状書くし、症状も酷いから念のために入院の準備しとこかあって話してから、フラフラになって、とにかく体力が持たなんからって病院から眠剤を貰って家で飲んで寝てたら夢を見たそうでね。

黒い人の形した影に二つ黄色い目が付いてて、ぐうっと常連さんを睨んであの虎の字の書いた石で下腹の辺りを強く打ったんやて。

「あいたあ！」って常連さんが痛みで目を覚ましたそうで。

「石を買った日から腹がギリギリ痛んで、なんか調子悪くなったから何ぞ悪霊でもあの石に憑いとったんやろうって気になって、病院行く途中にあんたの店あったから、石を手紙と一緒に玄関置いてったんや。俺、腹が痛くてしかたないから、切腹した武士に祟られたと思っとったのに、コレラかあ。しかし供養の塚の石を盗むなんて酷い泥棒もおったもんやな。それを五千円で買うた俺も、まぬけやなあ」

常連さん、下痢のせいか頬がこけとった。

それにしても、あの突然の体調不良がやっぱり祟りやったら、石を買ったうちやなくって盗んだ人に祟って欲しいがなと嘆いてはりました。

でも幽霊って何か理不尽なことするもんが多いって印象あるから、この世の道理とは違う風に考えていはるんかも知れへん。

常連のお客さんが持ち込まれた質草で酷い目にあった話ってことなんですが、怪談会ってこういうのでええんかな?

参加するの初めてで勝手があんまり分かってへんからね。

耳塞ぎ餅

もうあまり若い人はしなくなったそうなのだが、京都の相楽郡《そうらくぐん》にあるW町に住むHさんの地域では、町内で同い年の人が死ぬと、耳塞《みみふさ》ぎの餅をこさえる風習がある。

作った耳塞ぎ餅は、葬儀の日に僅かな時間だけでも良いので耳にあてる。

そうしないと、死者から死ぬ日を教えられるからだと言う。

Hさんのお婆さんは自分と同じ歳の人が町内で亡くなったので、もち米を蒸して小さな団子大の耳塞ぎの餅をこねて作り、机の上に置いておいた。

すると、そういう風習を知らなかったHさんの弟が、耳塞ぎ餅に醤油をかけて食べてしまった。

お婆さんは慌てて、Hさんの弟の耳たぶを塩で清め、今日は家から出るなと告げたらしい。

耳塞ぎ用の餅を食べると、死者の国に一人で行くことを厭う霊にあちら側に引っ張られるからだという。

だからどんなに食糧に乏しくとも耳塞ぎの餅を生者が口にすることはなく、耳に当てた後は川に流すか、便所に捨てたのだそうだ。

Hさんの弟はその日用事があったので、お婆さんの心配や忠告を無視して家の外に出た。

家の中にHさんの弟がいないことを知って、お婆さんは半狂乱になり騒ぎ立てたそうだが、夕方になって何食わぬ顔でHさんの弟は帰って来た。

「迷信やでそんなん。気にしとったら何もでけへんわ」

弟はそう言って炬燵《こたつ》に入り、リモコンでテレビを点けた。

テレビの画面にはニュースが映り、Hさんの弟と同姓同名の人の死亡事故があったことを知った。

Hさんの弟はそのニュースを見て気持ち悪くなったのか、夜に便所でゲーゲー吐いていたらしい。

お地蔵さんに纏わる話

大阪と京都はお地蔵さんが他所の土地より多い気がする。

うちの近所だけでも六体のお地蔵さんが祀られており、コンビニの数より多い。

京橋は終戦の一日前に軍需工場があったせいか、徹底的に空襲で焼けつくされた。

そのせいか空襲に纏わる怪談を記憶している人も大勢いる。

去年の夏、地蔵盆明けの日に地蔵堂を掃除していた人からこんな話を聞いた。

「ここの地蔵さんもそうなんやけどね、焼け跡地蔵って知ってる？　空襲の焼け跡から出て来た地蔵さんのことで、中には色んな曰くのあるもんもあってね、私詳しい人知ってるからあんたに連絡先教えてあげるわ。時々川べりなんかにある賽銭箱もない地蔵堂や、頑丈な扉で封印してあるみたいな地蔵堂あるやろ。ああいうのの中には、拝んだら祟るんがあるから気をつけるんやで」

そんなわけで、お地蔵さんに詳しい方経由で、幾つか不思議な話を聞くことが出来た。

曲渕地蔵尊

大阪市中央区、南本町《みなみほんまち》にある農人橋《のうにんばし》と本町橋の間、阪神高速の高架下近くの昼も薄暗いその場所に「曲渕《まがりぶち》地蔵尊」が祀られている。

豊臣秀吉が掘割を施工した時に、浄国寺《じょうこくじ》を避けて川の流れを曲げたために、激しい流水の渦が出来てしまった。

その渦に入ると苦しまずに死ねるということで、入水者が絶えなかったそうだ。

そこで付近の町民達が水難除けと、水死者の鎮魂のために地蔵を祀ることを決めたのが、曲渕地蔵尊の始まりらしい。


明治の頃には曲渕地蔵の側を流れる川には河童がいて、時折泳ぐ姿を見かけたそうだ。ここで溺れた人は河童になるという噂もあって、一時河童《かっぱ》の名所と呼ばれたこともあったそうだ。

河童は人の小児ほどの大きさで、銀ブナのような皮膚をしていたという。

何匹かいて、家族のように見えたと言う人もいたそうなのだが、いつの間にかいなくなってしまったらしい。

今でも、たまにどぷんと底の方から人の頭大の、泡が上がってくることがあるらしいが、それは河童でなく恐らくヘドロの中に溜まったメタンガスだということだった。

はやり歌

大阪市城東区《じょうとう》、蒲生《がもう》四丁目の商店街の近く、七十年代の頃に電柱の側に小さなお地蔵さんが寄りかかるように佇んでいた。

鼻が欠けているが、とても穏やかな顔をしていたそのお地蔵さんが「歌う」という噂があった。

夜道を歩いていると、どこからか少し寂しげな歌声が聞こえる。誰が歌っているのだろうと探すと地蔵さんが少し震えていて、そこから聞こえているようだった。口は少し微笑んだままで開いておらず、体全体を震わせるようにして音を出していたそうだ。

お地蔵さんは、はやり歌が好きだったそうで、石原裕次郎《いしはらゆうじろう》の曲が聞こえて来ることが多かった。

小さな音で聞き逃してしまいそうだったという話で、今日は聞こえないかなと帰り道を楽しみにしている人もいたそうなのだが、いつの間にか見なくなってしまったそうだ。

京橋の交差点地蔵

京阪電鉄の京橋駅近くの三叉路のお地蔵さんに纏《まつ》わる話を聞かせてくれた、Dさんは当時不動産屋に勤務していたそうだ。

物件の下見に行った帰りにね、自転車に乗ってたんですけど、車に撥ねられたんです。夜の交通事故なのに、何故か記憶の中の空は青くって、今もその時見た雲の形もはっきりと思い出すことが出来るんです。

ぐしゃっとね、何かが潰れる感覚があって、背中を強《したた》かに打って目からバーンって火花が出るんと違うかっていうくらい痛かった。

「大丈夫ですか?」って言いながら白いセダンから運転手が降りて来て、反射的についい「大丈夫です」と応えてしまって。

そしたら「よかったです」と言って運転席に戻って立ち去られてしまいました。

うわっ、ひき逃げやんって焦ったんですけど、後の祭りで。

いや、大丈夫って言った自分が悪いんか。むっちゃ痛いし、絶対、骨何本か折れてるよなあとか何やかんや考えながら、腕時計を見ると夜の十時過ぎ。病院は開いていないだろうし、しょうがない。職場に鍵を戻したら朝一で病院に行こうと決めて、よたよたと歩きで家に帰りました。

で、朝にですよ、病院に行ってレントゲン撮ったらお医者さんが、折れてないし綺麗な骨だよって言うんですよ。

実際、昨日よりは痛みもかなりひいてたんで、打ちどころが悪くなかってんなあと安心したんですが、何かをずっと忘れている気がしてたんですよね。

病院の待合室で会計待ちしてる時に、あ！　そうや自転車や‼　って思い出して。

事故にあった三叉路の付近を見て探したけど自転車の影も形もない。

撤去されたんやろうかなあ、今年買ったばかりやのに残念だなあと落ち込んでたら、少し離れた道のスロープに、ぐちゃぐちゃになった自転車が置かれてるのを見つけたんです。スクラップにする機械にかけたみたいに半分ぺちゃんこな状態。

何かどうなってそうなったんかも分からん感じでした。

もうこれ、修理しても乗られる状態に戻されへんし、大型ごみとして出すしかないかなあとしょんぼりしてたら、お地蔵さんが目に入ったんです。

その三叉路は何べんも今まで自転車で通ってたし、なんかお堂があるなあというのは知ってたんですけど、特に拝みたいとか思ったことは一度も無かったんですよね。

でも、その日はふらふらとお堂に行って……。

僕、なんでか二体あるお地蔵さんの片方にキスしたんです。

なんでそうしたんかも分からへんくて。ただ自然と感謝の気持ちの表現としてキスしたくなったんです。

ちょっとこれ見て下さい。写真撮ったんですけど、地蔵なのに口紅が塗られているでしょ。お地蔵さんに、口を当てていたらぬっと舌みたいな感触がちょっとあって、その日からなんでかちょっとモテたんです。

産まれて初めて歩いてて女性からナンパされたし、飲み屋でも可愛い子から電話番号渡されたり……まあ長くは続かなかったんですけど。

なんとなく、あのお地蔵さんのおかげかな？　と思って、またお堂に行ったんです。

そしたらあのお地蔵さんの由来書きがあって、それがこういう内容だったんですよ。

その時見せてくれた地蔵尊の由来書きを写すとこうだ。

■二人地蔵尊の由来

右側小柄の方は交通災害の身代り地蔵さんで、左側の方は長寿と厄除けの護り地蔵さんであります。身代り地蔵さんは昭和二十年八月大東亜戦争の終末を告げる頃、当地京橋付近の大空襲の際に、どこからともなく現われた不思議な方で、たまたま本年春頃、この路上において自動車の激突事故が発生し、双方の車は接触したまま鯰江川に向って二転三転したにもかかわらず、運転手にはかすり傷一つなく、エンジンがかかっているのに火災も起らず、気のついた時はこの地蔵さんの首だけが飛散していたのであります。目に見えないこのお加護と人徳に対して、住民は勿論、特に運転をされる者からは生き仏様として尊敬されるに至ったのであります。（後半省略）

昭和四十四年四月／主催　野田町　××会／後援　町内有志一同

これ読んで、自転車と自動車事故で僕が無傷だったんは偶然やなかったんやなあって思って。多分ほら、僕きっとお地蔵さんに好かれて守られたんですよ、きっと。

彼が好かれたかどうかは分からないが、未だにぴんぴんしているので、事故の後遺症はなさそうだ。

二人のお地蔵さんだが、近くが飲み屋街なので水商売風の恰好をした女性が拝んでいるのをよく見かける。

線香も花も絶えたところを見たことがなく、小さなお堂だけれど掃除もいつも行き届いている。

どことなく色っぽさを感じるお地蔵さんで、今日も交通量の多い三叉路の真ん中に佇んでいる。

箪笥の中

京都に住むミステリ作家さんから聞いた話。

私、お化けとか幽霊とか見たことないし、そういうの縁が全くないんですけど、今までの人生で一回だけ不思議な体験したことあるんです。

それがね、小さい頃、路地で蝋石《ろうせき》で絵を描いて遊んでたら親戚のおばさんが手招きして、家に「おいで」って誘ってくれたんです。

遠方に住んでる筈のおばさんが何で京都市内におるんやろ？　いつの間に引っ越してきたんやろ？　って不思議に思いながらついてったら薄暗い、夏やけど涼しいひんやりとした古い家に連れてってくれて。

冷蔵庫から麦茶と水羊羹《ようかん》を出して振る舞ってくれたんです。

初めて行く家なのに懐かしい感じがして、凄く居心地がよくて、扇風機がぶーんっと羽根を廻しながら首をまわしていて。隣の部屋からは甲子園だったのかな、ラジオかテレビの野球の中継の音が油蝉《あぶらぜみ》のじーじー鳴く羽音に混ざって聞こえてきて。

水を撒いたアスファルトの道の匂いがして、ずっとここにいたいなあってそんな家でした。

畳や板の間が素足に心地よくて、私は京都市内でもマンション住まいだったからそういう古い家に憧れがあったんですよ。

「おばさん、いつからここに住んでるの？」って質問すると「前に言うたやん」って答えが来て。そうやったかなあ、前っていつやろう？　そんな風に考えていたら「ちぃちゃん箪笥《たんす》開けて」って頼まれたんです。

あ、わたしペンネームで執筆していて、本名は千佳って言うんです。

扇風機の横に黒い漆《うるし》塗りの立派な重たそうな箪笥があって、どの引出しを開けるの？　っておばさんに聞いたら「下から二段目」って隣の部屋から聞こえてきて、言われるままに開けたんです。

そしたらたとう紙が入っててね、それを出してって頼まれて出したんです。たとう紙とは着物や帯を包む和紙のことで、虫よけの樟脳《しょうのう》の匂いがプンっと鼻について。

出したらおばさんが、隣の部屋から硝子《ガラス》の器に入った氷水（かき氷）を持ってきてくれて。これを食べたら一緒に帯を見ましょうって。

その日のことは何でか、かなり些細なことまでよく覚えていて、今も思い出せるんですが、おばさんの表情だけはどうしてか記憶にないんです。

氷水の味はみぞれでね、白い氷が少し溶けかけて、透けた硝子の器に溜まったのを銀色の匙《さじ》で掬《すく》って食べました。

白い氷に透明色の蜜をかけるみぞれは赤いイチゴやメロンのシロップをかけたのより、大人っぽい上等なもののような気がして、今も私、氷水はみぞれが一等好きなんですよ。そんなに量がなかったもんだから、すぐに食べ終えてしまって、指についた水滴をハンカチで拭いてから、おばさんと一緒にたとう紙を解いたんです。

そうしたらねえ、水色の綺麗な帯でね、帯の端の方に本物の水がちょろちょろと流れていたんです。

指で触れると、子供の手で中指の第二関節くらいの深さの流れで、もう私は驚いてね、不思議やねえって言ったらおばさんは「こういう帯やからね」って、特に何も不思議はないみたいな反応で。

しばらくは、帯の水の流れに指を浸して遊んでいたんですが、飽きてしまってね。おばさんも、私が退屈そうにするのを見てか、今日はもう帰りって私の家まで送ってくれたんです。

家で私は今日あったことを母に伝えたんですけど、全く取り合ってくれなくって。

おばさんにはその後何度も会って、その度に家と帯の話したんですが、引っ越してないし、誘って家に呼んだこともないから、夢を見て何か勘違いしてるんと違う？　って。

でも、私の結婚式の時におばさんが和装で来てくれて、その時の帯が思い出で見たあの時の水が流れる帯と、全く色合いもデザインも一緒だったんですよ。

おばさんは、小さい頃の夢をそんなに詳しく覚えてるなんて凄いね、だから小説家になれたんやねって言うんやけど、あれは本当にあった不思議な体験だったと思ってるんです。

だって、私の夢って色ついてないし、味を感じたりすることもないんですよ。

あんな風な夢を見たとは思えないんで、絶対にあった出来事なんです。

切らない木

小さい頃、大阪市住吉区の遠里小野《おりおの》に住んでいて、近所の街路樹に纏わる話を聞いた。

戦後、道路拡張工事の際にその街路樹は切り倒される予定だったのだが、枝ぶりを気に入っていた近隣の住人がＧＨＱに「この樹は白蛇の宿る信仰の依り代《よしろ》であるから切らないように」と、でっち上げの謂《いわ》れを伝え、切られる予定が撤回されたそうだ。

けれど、町の開発が進むとそうも言ってられないようになったのか、銀杏の樹だったので落ちる実や葉が嫌になったのか、住民もやがて樹を切ることに同意してしまった。

だが切られる予定の日に、かつて嘘の謂れを伝えた二人が泡を口から吐いて卒倒し、そのことが伝わったからかどうかは知らないけれど、都市計画の一部が白紙になり、樹はまたしても切られないで済んだそうだ。

ただ、その樹も二年前の台風で風にあおられて折れてしまい今は見ることが出来なくなってしまった。

四天王寺の石

千四百余年も前に聖徳太子が創建した大阪市天王寺区の四天王寺《してんのうじ》には、様々な不思議な伝承が残っているという。

そんな四天王寺に纏わる話を、東京に住むUさんから聞いた。

大阪観光に来たUさんは、歴女ということもあり夕陽丘《ゆうひがおか》をぶらぶらして大坂冬の陣、夏の陣の史跡等を見たあと、四天王寺にお参りに行った。

西の門にあたる石の鳥居の外側に、側面に四角い穴が開いている立石があり、それが穴を拳で叩くとポンポンと鳴るから「ぽんぽん石」と呼ばれていると知っていたUさん。試してみたが、そんな音は鳴らずがっかりしてしまったそうだ。

ただ気になったのは、時々その「ぽんぽん石」に耳を当てている人がいたこと。

なんでそんなことをしているのかと、訊いてみると「ぽんぽん石」の穴に耳を当てると、御先祖様からの声が聞こえるという謂れがあるということを知った。

そんな面白い伝承があるなら試してみたいと思い、Uさんは石に耳を当ててみた。

コォーと、石の間を風が通る音が聞こえただけだったので、がっかりしたら、傍にいた地元のおばちゃんらしき人に「反対側の耳も試してみたら？」と言われたので、そうすることにした。

すると、風の音にまぎれ「じゅう……はちにち」というしわがれた声が聞こえた。

思わず耳を離して「聞こえた！」と周りの人が振り返るほどの大声を出してしまったUさん。

ただ、何が十八日なのかわからない。

その日は、他の観光客の人に遠慮しながら、人通りがない時に何度も石に耳を当ててみたが、聞こえたのはそれっきりだった。

「ぽんぽん石」のせいで時間を取られてしまい、他に観光も出来ず自宅に帰ったUさんは、とりあえずカレンダー全ての月の十八日に○を付けた。

それから四年後、そんなことがあったことすら忘れ、Uさんは東京都内の神田駅近くの職場で夜遅くまで働いていた。転職したばかりで覚えることも一杯だったUさんは家に帰るのは午前様になることも多く、たまには職場に泊まることさえあった。

その日も十一時を過ぎても仕事の終わりが見えなかったけれど、体力的な限界が近かったので、終電前に帰ることに決めた。

家に戻ると十二時を過ぎていたが、シャワーを浴びるどころか着替えもせずに敷きっぱなしの布団に倒れ込むようにして眠ってしまった。


翌朝、九時少し前に同僚からの電話でUさんは目を覚ました。

今まで親しくした記憶もない同僚からで、とりあえず電話番号の登録はしていたものの、お互い連絡を取り合ったことは今まで無かった。

「もしもし？」

電話に出ると同僚は、凄く慌てた口調で職場が半焼してしまったと告げた。

なんでも職場を含む一帯が大きなニュースになるほどの火事が起こり、山手線の運行にも影響が出たらしい。

シャワーも浴びず着替えだけして大急ぎで行くと、会社のあるビルの前の通りには山のような瓦礫《がれき》が積まれていて、道が封鎖されて入れなかった。

職場の状況を確認したいと、側にいた警察官に伝えたけれどまだ鎮火しきっていないし建物の崩壊の危険性もあるので、当分立ち入り禁止だということだった。

会社の上司に電話をかけたが出ず、仕方なく家に戻って何か連絡があるまで待機することにした。


その日は夜八時ごろに上司から連絡があり、警察や消防署の話によると会社の前の瓦礫が撤去されるまでは誰もビルには入れず、撤去には数日を要するのでそれまでは、自宅のPCで出来る範囲での在宅勤務ということを告げられた。

年度末近くということもあって、やることが山積みなのにこの火事でスケジュールが大幅に狂わされてしまうことを考えるとUさんはゲンナリしてしまった。

しかし、不幸中の幸いだったのはあの日徹夜せずに家に帰ったことだろう。もし、あのまま泊まっていたら火事に巻き込まれていたかも知れない。

職場で寝ている時に火事にあったらきっとパニックになって、どうしていいか分からず煙を吸い込んで、最悪の場合死んでいたかもしれない。

そこまで想像するとぶるっと震え、壁にかかった時計とカレンダーを見た。

時間は夜の九時を少し過ぎたところで、日付は十八だった。以前聞いた、四天王寺のぽんぽん石の声を思い出し「まさかな」と頭を振ってその日Uさんは早めに眠った。

だけども気が高ぶっていたせいか深く眠ることが出来ず、三十分ほどで目が覚めてしまった。

外の空気を少し吸って気持ちを落ちつけようと思い、Uさんはベランダに出た。サンダルを引っかけて履こうとしたら、そこに黒い丸まった何かがいた。

側に寄ってみると、それは黒い猫だった。飼い猫なのか首輪をしていて毛並も艶々している。外傷は見当たらないけれど、体は冷たく冷え切っていて息をしていなかった。

Uさんのマンションはペットが禁止だったが、もしかしたら隣の部屋の住人が内緒で飼っていたペットがベランダに迷い込み、亡くなったのではないかと思ったそうだ。

なので、少し遅い時間だったが、インターフォンを押してお宅の猫さんがうちに迷い込んでいたかも知れないと隣に告げたが、うちはペットを飼っていないと言われた。もう片方の隣の部屋は空き家でだれも住んでいない。外から迷い込むとしても、Uさんの部屋は十一階なのでその可能性は低い。

首輪をしていたので、もしかしたら裏に連絡先でも記してないかと思って外してみた。

すると、裏側に「ミワコ」と書かれていた。

それにはぎょっとしたらしい。

Uさんの下の名前は美和子と言う。

瓦礫の撤去は三日ほどかかり、四日目にやっとUさん達は職場のビルに出社することが出来た。とにかく十八日にUさんの身には色々起こったそれらが、ぽんぽん石を通じてご先祖様が言いたかったことなのかどうかは不明で、関連も分からない。

鵺塚の話

鵺《ぬえ》という妖怪がいる。

平安時代に出現したと言われる妖怪で、鳴き声はトラツグミに似ていて、猿の顔に手足は虎、尾は蛇の姿をしているという。

鵺は御所《ごしょ》に現れ近衛《このえ》天皇を悩ませていたので、源頼政《みなもとのよりまさ》が弓で退治した。そして、伝説では京の都の人々は鵺の祟りを恐れて、死体を空舟に乗せて鴨川に流した。

鵺の死体はやがて淀川の下流に流れ着き、祟りを恐れた人々が母恩寺の住職に弔って貰い、塚を建てた。

現在、都島《みやこじま》区の桜通り商店街の一角に鵺塚はあり、今も慰霊のために法事が営まれており地元の人や区長が参列している。

大阪でホラー作家の人たちと一緒に怪談イベントを催した時に、その鵺を見たという人が現れた。

しかも商店街にある鵺塚の近く、民家の屋根の上を跳ねまわっていた姿を目撃し、その人は「犬にしてはあまりにも身軽で大きい。もしや妖怪では」と思い目をこらしていると、揺れる尾の先に蛇のような舌があり、あれぞ鵺に違いないと思ったそうだ。

イベント時に、その人が鵺の姿を思い出しながら描いたスケッチを見せてくれたうえに、詳細な鵺の姿についても教えてくれた。

「尾は荒縄のように捩れて長く垂れていて、舌のように伸びた赤く長いものがチラリとありました。口は濡れていて赤く、目は白く光り体は小熊のようでした。少し大きめの犬くらいで、耳はピンと立っていました。毛は硬くて太く、熊のようでした」

承諾を得たので描いた絵をここに載せることにした。

絵を提供してくれた人は、鵺塚の近くに住んでいてほぼ毎晩付近を散歩しているが、鵺を見たのは一度だけということだった。

舞鶴で待つ

和歌山県の橋本に住む知人からかなり前に聞いた話になる。

とあるゲームが切っ掛けで戦艦マニアになったというYさんは、夏休みに京都府北部の舞鶴《まいづる》に護衛艦を見に行く計画を立てたそうだ。

しかし舞鶴に行ってみたものの、護衛艦が全くおらず、がっかりしてしまった。

「どうして護衛艦がいないのですか?」と町の人に聞いてみたところ「自衛隊は機密事項なのでいつ入港するのかスケジュールを教えてくれないし、全く分からない。どうしていないのか、どこにいるのか知っていたらそりゃ俺はスパイじゃねえか」という答えだったそうだ。

仕方がないので海上自衛隊の博物館に行ってみたのだが、運悪く休館日だった。

周りに時間を潰す場所も見当たらないし、折角来たのに目の前にあるのは海ばかり。

海なら和歌山でも見えるし、残念だ。予約していたホテルに帰っても、退屈しそうだしどうしようと思い、携帯電話を弄《いじく》りながらぼんやりしていると、何か体が急に酔っぱらったような心地になった。気が付くとどうしたわけだか、見知らぬ家の前にいて、呼び鈴を押していた。

知り合いの家でもないのに、なんでこんなことをしているんだろう？　知らないうちに熱中症にでもかかって脳が煮あがってバカになってしまったんだろうか？

戸惑いながら門の前にいるとガチャッと中から音がして扉が開き、しわくちゃのお婆ちゃんが出てきて力いっぱい抱きしめられてしまった。

何か言っているのだが、方言がきついのか何を言っているのか分からない。

抱きついていた体を剥がすと、今度は凄い強い力で手を揉むように握りしめ、泣き始めた。

すると、五十歳くらいの禿げた男の人が家の中から出てきて、背中をさすりながら「ほら、びっくりしてるから」と老婆をなだめはじめた。

「すみません、お兄さん驚かせてしまって、よかったら上がって下さい。時々あるんです。うちの母はね『岸壁の母』だったんですよ」

クーラーの効いた部屋に通され、飲めますか？　とビールを勧められた。

のどが渇いていたので有難く頂戴した。さっき泣いていた老婆は、通された居間にはおらず、どこか別の部屋にいるようだったそうだ。

「若い人は知らないかもしれませんが、シベリアに抑留された日本兵が帰って来るのを舞鶴の港でずっと待っていた人たちがいましてね、私の母もその一員で、当時のマスコミが『岸壁の母』って呼んでいたんです。歌もありますが、知らないだろうなあ。

うちの場合、三男のケンジだけが何年待っていても帰って来なくって。だから元はこの生まれじゃないんですが、家も移してこっちで再婚して……。母はそれでもずっと待ち続けていたんですよ。

そうしたらね、何年かに一度、急にわけもわからず、うちに来る若者が現れ始めまして、そしてさっきのお兄さんの時みたいに、母が泣くことがあるんです。

魂だけ帰って来て、母親のためにそういうことしてやっているんでしょうかねえ。気の弱い人だったっていうから、それくらいが精いっぱいなのかなあ。それとも、幽霊ってそれくらいか弱い存在なんでしょうかねえ。どう思います？」

「いや、わからないです。すみません」

Yさんは泡の消えかけたビールを飲み、お礼を言ってホテルまで歩いて帰った。

その夜は全く眠れる気配がなく、何度かもしかしたら自分に取り憑いていたかも知れない幽霊のケンジさんに話しかけてみたが、気配も返事もなかったらしい。

翌朝チェックインをしたあと、海の方に向いてYさんは合掌してから和歌山の家に戻った。

後日Yさんが知ったことだそうだが、父方の祖父の兄がシベリアで戦死していたそうだ。もしかしたら何かケンジさんと関係があったのかも知れない。

電電明神

京都嵐山《あらしやま》の渡月橋《とげつきょう》の近くに電電明神《でんでんみょうじん》という神社があるらしい。

私がその神社の存在を知ったのは、怪談作家志望のOさんからだった。

「ほらよくあるじゃないですか、取材したけれど、録音されていなかったから文章化できないって話。僕はそういうのは、機材のトラブルやなくって単に電源の入れ忘れとか、そういうヒューマンエラーやと思ってたんですよ。でも、ちょっとこれ聞いてくれませ
ん？」

大阪の京橋駅前にある喫茶店で、Oさんが最強に怖くてヤバイ話を収録したというテープとICレコーダーを再生してくれた。

「あ…てるからで……がが……る・て……」

ICレコーダーの方も、テープレコーダーのも見事に音が飛んでいた。

「こういう風にわざと編集したんじゃないの？」

私が疑って聞くと、とんでもないと言ってOさんは怒っていた。なんでも、この取材した話を元にした話を書いてT社の怪談コンテストに応募するつもりだったらしい。

「記憶を頼りに書けないんですか？」

「いや、怪談ってリアリティが大事だと思うし、取材した話をどこまでそのままにして書くかって判断も大事じゃないですか、それを記憶に頼ると語り手にも失礼でしょ。書き手の判断なんていい加減やと思うし、僕ね実際、怪談作家の●●さんに話を提供したことあるんですけど、全く違う話にされましたよ」

聞いていて、耳が痛くなるような話だったので、自分も気を付けなくてはならないなと思いながら、Oさんの取材とテープ起こしについての話を小一時間ほど聞いた。

「いや、でね、僕が言いたいのはですねえ、田辺さんも取材をちゃんとしろよってこともあるんですが、それだけやないんですよ」

話は飛ぶが、私は何故か怪談やホラー作家に会うとたいてい説教されてしまう。

「最初に聞いてもらったテープあるやないですか。あれ、実は二回目の取材でね、一回目も同じようにちゃんと録音されていなかったんです。田辺さん、このことどう思います？」

「大変やなあと思います」

「いや、そういうことやなくってですねえ、電電明神って知ってます？」

「いいえ」

「電電明神はですねえ、電気・電波・電子の祖神を祀っていて、衛星から、情報通信やソフト開発の技術者、ゲームやアプリの開発者や、ＩＴ企業からテレビ局、通信社の関係者から信仰を集めている神社なんですよ」

「なんか凄そうですね」

「トーマス・エジソンと電波研究者のハインリヒ・ヘルツのレリーフが掲げてある神社で、僕の知り合いの関係者も色々とご利益があったって聞いてるんですよ。バグが見つからないエラーがなんとかなったとかね」

「それは凄いなあ」

「だから今、僕が困ってることも電子機器のトラブルに属するものだと思うんで、今度こそちゃんと取材出来ますようにって、ここにお参りに行くつもりなんです」

数日後、電電明神前で手を合わしているＯさんの写メが送られてきた。

お参りのかいがあってかどうかは不明だが、三度目の取材は順調に終わりちゃんと今度は音飛びもなく、怪談が録音されていたそうだ。

しかし、投稿した作品は残念ながら落選してしまったそうだ。

私のパソコンもよく不調になるので、一度お参りに行くべきなのかも知れない。

鐘の音

舞鶴のキャンプ場に行った時、メンバーの誰かが肝試しをしようと言い出した。

この先を上がったところに、誰も居ない神社がある。

そこに一人ずつ行って、十円玉を置いて帰ってくるという内容だった。

私はそんなに暗がりが怖いと思わないタイプだったので、一番手に名乗り出てゆっくり歩いて山奥の神社へと向かった。


それは、奇妙な神社だった。

まず、鳥居があるのに鐘楼堂《しゅうろうどう》がある。それに、小さな社《やしろ》に奉られているのはどうやらお稲荷さんのようだが、胡瓜《きゅうり》が供えてあった。

しかもこんな熱帯夜だというのに、胡瓜は萎びていない。草の伸び具合から車も通っていないような山奥の無人の社なのに……。

由来書きか何か無いだろうかと、藪蚊《やぶか》を気にしながら神社を散策していると「あんたが遅すぎるから、来ちゃったよ」と、ぜーぜーと肩で息をしながら、待っていた友人が下からやって来た。

その時、神社にある謎の鐘がボーンと独りでに鳴った。

誰か居るのだろうかと思って、懐中電灯で照らしてみたが誰も居らず、友人と私とで近くに寄って確かめてみたが、何故鳴ったのかよく分からなかった。

機械か何かで鳴る自動の鐘かどうかも上下を照らして調べてみたが、そういった仕掛けのようなものは無かった。

「きっと、風のせいか、梟《ふくろう》がぶつかったんだよ」と適当な結論を出して、友人は納得していたが、風は吹いていなかったし、撞木《しゅもく》が揺れていたので、誰かが撞いたのは間違いない。

ちょっと不気味だなと思いながらテントに帰ると、再び神社の方から鐘の音が二、三度聞こえてきた。

神社には社務所のような場所も無く草も伸び放題だったから、人が住んでいないと判断をしたのは多分間違っていないだろう。

キャンプ場には我々以外、何故か誰もおらず、海へ行った時と車で買出しに行った時以外は数日間、人に会うことも無かった。

次の年に同じ場所にキャンプに行ってその神社に行ったら鐘楼堂は消えていた。

土台はコンクリートだったし、大きな鐘の下がった立派な鐘楼堂だったのに土台も含めて何処にあったのか全く見つけることが出来ない。知人は鉄が値上がりしているんだから鐘は売ってしまったのだろうと言っていたが、もしそうだったとしてもコンクリートの土台が跡形も無く消えているのは変な気がしたのだが。

そして相変わらず草は伸び放題で、鳥居も朱の色が剥げているし、全くどこも手入れされていないように見えるのに、みずみずしい胡瓜が日本酒の一升瓶の横に数本お供えされていた。

プラスチックじゃないかなと疑って、胡瓜を端を爪でえぐってみると、皮がめくれ黄緑色の中身が見えた。やっぱり本物の胡瓜だった。

話さんといて

中学校の三年間、同じクラスだったNさんから聞いた怪談は正直、期待外れだった。取材する前に聞くと絶対眠れなくなるとか、聞いた人みんな震えたとか泣かれるほど怖いからと散々言っておいて、いざ聞くと大したことの無い話だったというのはよくある。

怖い体験をした人が優秀な語り手であるとは限らない。本人は恐ろしいものを見た！と言って、それが事実だとしても、具体的に上手く伝えないと聞かされた方は体験を共有することが出来ないからだ。

例えば一人で夜道を歩いている時に、幽霊に出会ったとする。それは怖いし、誰かに伝えたくなるだろうけど、書くと一行で終わってしまうし、たいして怖くない。

Nさんの話も、その類のもので、電車を乗り継いで一時間かけて来たのに、話は五分未満で終わってしまった。

取材の終わった日の深夜にNさんから電話がかかってきた。

「なあ聞いて、あんたが帰った後、さっき非通知で『おまえあの話は、アカンやろう。載せられたら殺すぞ。マジでぶち殺す』って電話がかかって来て切れてん。だから、あの話はアカンと思う。絶対に載せんといてな。怪談会とかでも話さんといて、知り合いとか家族とかにも絶対に内容は触れんといてな」

「聞いた話は公開したらアカンっていうことを私に伝えたかった電話ってことでいいんかな？　そんなに誰かがどうとか、きわどい内容の話でもないのになあ」

「アカンって！　話さんといてって言うてるやろ!!　だいたいあんたが来るとか何の話するとか誰にも言ってないんやから、あれはきっと警告に来た亡霊か何かからの電話としか思われへんわ」

「分かった……」

そんな理由で、肝心のNさんから聞いた話は載せられない。

ぽつんと一人

大阪の市内には交通事故があった場所に、遺族の方がこれ以上悲痛な事故を起こさないようにと願って建立したお地蔵さんがある。

お地蔵さんの背中には事故の被害者の名前や、年齢が刻まれていることが多く、お堂にはお菓子やぬいぐるみが花と共に供えられている。

交通事故の多い十字路に、そこで事故で亡くなった少年の遺族が地蔵堂を建てた。

それから御利益のおかげか事故は減ったが、未だにゼロではないようだ。

時々地蔵堂の脇に、事故で亡くなった少年に面影がよく似た子供が雨の日の夜などにぽつんと一人で佇んでいることがあるという。

交通量が多い場所なので、子供がそんな場所にいるのは危ないと心配になって、車を少し離れた場所に停めてからそこに行くと、子供の姿は無く濡れた小さな拉《ひしゃ》げた長靴だけが落ちていた。

そんなことが何度かあったと近所の人に聞いた。

旅の理由

去年、大きなバックパックにニュージーランドの旗のアップリケを付けた青年が、大阪環状線の桜ノ宮《さくらのみや》駅の近くを地図を持ってうろうろしていた。

私は昔、ニュージーランドに留学していたことがあり、その時現地の人に随分助けられたので、その恩返しというわけではないけれど、なるべくキウイ（ニュージーランド人の愛称）の困っている人がいれば手助けしたいなと思って、たどたどしい英語で道に迷っているのならば案内するよと話しかけた。

すると意外な答えが返って来た。

「ずっと夢で見た場所を探していて、そこに似た場所がないかを探しているんです」

どういうことかと詳しく聞いてみると、繰り返し同じ場所の夢を何年も見続けてみるので、もしかしたらその場所は本当にどこかにあるのかも知れないと調べてみる気になったらしい。

夢の中の場所は、日本語の看板が見えるので、おそらく日本だろうということだった。他人には説明し辛いので、場所を探している説明をするときは夢のスケッチを見せているそうだ。

今までグーグルマップで調べたり、同じポリテクニック（高等専門学校）に通う日本人留学生に夢で見た土地のスケッチを見せて、この場所に心当たりはないかと聞いた。すると、これはどうも大阪らしいと言われたらしく、環状線の気になった駅で降りて調べているということだった。

そして、夢の中には「トヨナカ・ヒロキ」と名乗る人が出てきて、いつも川に浮いている船に乗ろうと誘われるのだそうだ。

スケッチを見せて貰ったのだけれど、個人的な主観で言わせて貰うと、あまり大阪らしいと思えない風景だった。

普通のどこにでもありそうなビル群と、川沿いの遊歩道のような景色が鉛筆で書かれていて、日本語の文字も確認出来たのは「カラオケ」や「ヤキトリ」だけで他はごちゃごちゃとした線が、看板に書き込まれているだけだった。

私は「このイラストからは具体的な場所は分からない」と伝え、とりあえず淀屋橋《よどやばし》と天満橋《てんまばし》から遊覧船に乗れることを教えてあげた。

そして、キウイの青年と別れ、家に帰った。

オセアニアには夢を大事にする不思議な感覚を持つ人がいて、過去に何度か会ったことがあったので、その青年もその類の人だろうと思うことにした。

ただ、夢の中で出会った人として出てきた名前が気になったので「トヨナカ・ヒロキ」というのだけはメモに記録しておいた。


それからしばらくして、京都の蹴上《けあげ》で伝統文化の国際交流イベントがあり、友人と友人宅にホームステイしているカナダ人の女性と一緒に華道体験に参加した。

私は彼女と挨拶を交わし、少し話をした後に日本に来た切っ掛けは何ですか？ と聞いた。

すると「トヨナカという男性が夢に出てきて、日本を一緒に散歩したことがあって、何度も同じ夢を見たから、気になって来たんです」と答えたから驚いた。

トヨナカの下の名前はと聞いたが、分からなかった。彼女に過去、私がしたキウイの青年の道案内のことを伝えると「トヨナカさんは眼鏡をかけていて、少し太っていて優しそうな先生のような人でしたか？」と質問を受けた。

だが、キウイの青年からはトヨナカさんの容姿については聞いていないので「分からない」としか答えられなかった。

華道体験をした後に、近くのカフェでお茶をしながら、トヨナカさんの夢について話を聞いた。

多い時は、週に三回くらいトヨナカさんの出てくる夢を見るらしい。

私は「トヨナカさんをどう思っているの？」と質問すると、彼女はこう答えた。

「日本が好きで、日本の景色も大好きで、行ったことのない人に見せたくてしかたないから夢を送っている人なんだと思います。きっとどこかに夢じゃない本物のトヨナカさんはいるような気がしています。

私は日本に来てよかったけれど、もし夢の中で行くのは嫌だとトヨナカさんが傷ついたり気分が悪くなるようなことを伝えたら、夢だけれど、何かトヨナカさんから嫌な目に遭わされてしまったと思います。全部私の夢だから、想像だけども、そう感じています」

海外に住む若者に繰り返し、日本の夢を見せている人が本当にいるのだろうか？

もしかしてキウイの青年と、彼女は何か繋がっていて私をからかっているのかも知れない。

そんな疑いを持ってしまったことを恥じてしまうほど、目前の彼女は真剣な眼差しで私の顔を見ていた。

天満のお化けさん

天満駅から細く長い、昼も少し暗い路地を抜けると天満市場がある。安くて美味しい食材が何でも幅広く揃い、個人客への小売もしてくれるのでよく利用している。他所ではめったに見られないような食材も扱っていて、どう調理するのか分からないような珍魚や見たこともない野菜や果物をつい買ってしまうことがある。

さて、そんな天満市場の近くに住んでいた加藤さんから聞いた話。

私、小さい頃に、おばあちゃんから天満のお化けさんの話を何度か聞かされたんですよ。どんな話かって言うと、泣き子供っていうのがおって、襟《えり》の辺りに赤いリボンを付けた白いブラウスの女の子が、二つか三つ、必ず当たる不吉なことを告げるんです。もし聞いてしまったら、塩とあずきを入れたお茶を飲むと良いらしいんですが、それでも泣き子供の言うた不吉なことは防ぐことは出来ないらしいんです。

実際、過去に、市場で働いていた人が泣いている女の子を見て「迷子かな？」って話しかけたら「事故するでー」とか「怪我するよ」って言われてその通りになったたって聞きました。そのせいか、襟にリボンがついた服を私買って貰ったことないんですよ。

多分、その泣き子供に間違えられると思ったたん違うかなあ。

他にも天満にはお化けさんがおって、夜に鏡を長い時間見てたら逆さまになった猫が鏡を覗き込むように映って、ニャーって啼く話で、それを見ちゃうと鏡が錆びるか早く曇るって聞いてました。猫のお化けさんのせいやって。

小学生の頃やけど、見たとかうちも聞いたって女子おったから、割と知られた話じゃないかな？　天満は今もお化けさん出るって人おるみたいですよ。

駅裏の高架下の所、ぐうっと落ち込んでるでしょ。あそこ昔、川でね、埋め立てた跡らしいんですけど、あの辺りに何か詳しくは分からへんけど、変なお化けさん出るみたいですよ。

どう変なのか聞いたところ「めっちゃ変らしいですよ」ということだった。

たぬき憑き

きつねではなく、たぬき憑きの話を聞いた。

大阪は余所《よそ》の土地と比べると憑き物や憑き筋の家の話が殆どないと聞いていた。なので、これは大変珍しい話だなと興奮して、初対面の人だったのに、つい前のめりになって「たぬきが憑くとどうなるんです?」と質問してしまった。


よくたぬきに憑かれる体質だという澤地さん。言われてみると、少し出たお腹や愛嬌のあるくりっとした目が狸を思わせないこともない。

「たぬきが憑きますとですねえ、たぬきがしたいと思うことがしたくなる。例えば、芝衛門狸みたいな、芝居好きの狸が憑くと芝居好きになるし、踊りが好きなんが憑くとたまらなく踊りたなるよ。食べるんが好きなのやと、太ってしゃあない」

「どこで、どうやって憑かれるんです?」

「体質なんかなあ？　なんかシュッと憑かれた！　って分かるよ。昔小さい頃に豆狸がおるのをよう見とったからかも知れへん。縁の下とか、冬場は炬燵の中とかに、小さい可愛らしい豆狸がおって、蜜柑《みかん》の皮を齧ったりしとった。だからかなあ」

「追い払いたいとか、憑き物を落とすのはどうするんですか？」

「犬に会うと落ちる。それと雨に打たれることかな」

「雨ですか」

「うん。だから雨の日は憑かれる心配ないで」


なんでも雨はこの世と異界の境から降ってくるので、憑いてきたたぬきは雨に打たれると元の世界に帰ってしまうそうだ。

雨が降っていない時で、近くに犬もいない場合は、背中に犬と書いた紙を貼ると慌てて出ていくと聞いた。

赤いテント

私が小学生の頃の話になる。

大阪市と堺市を隔てて流れる大和川《やまとがわ》の岸で、古びた赤いテントが張られていることがあった。

そのテントには灰色の長い髪のお婆さんが住んでいた。

お婆さんは髪の毛が脂《あぶら》で縺《もつ》れて毛玉のようになっていて、そこに虫がくっついていたし、時々公園で子供を叱りつけたり、砂場の砂を人に向けて投げつけたりしていたので、まあ、正直言ってかなり嫌われていた。

ある日、犬を連れて散歩していると、お婆さんに「赤テントいるか？」と声をかけられた。

私は「いらんし！」と言って、犬と共に走って逃げた。

以前、急に腕を引っ張られたことがあったので、怖かったからだ。

翌日学校に行くと、同じように声をかけられた子が多くいることが分かった。

「なんであのテントを貰って欲しいんやろ？」

「うちらいらんよなあ」

「新しいテント見つけたんとちゃう？　それか貰ってもうて何かと交換したいんかな？」

そんな風に、皆休み時間になると赤いテントとお婆さんの話をし合っていた。

でも真相は分からず、後日赤いテントが白くなっていただの、変形している姿を見ただのと噂が男子の間で出て、そしてその後、老婆をあまり見かけなくなったせいもあり、話題にもやがて出なくなった。


一昨年、小学校の同窓会があり、そこで赤いテントの話が出た。

すっかり忘れている人が殆どだったのだけれども、何名かは詳細まで覚えていた。

「あのな、あの赤いテント今もたまあに大和川の岸にかかってるみたいやで、赤いテントって珍しいし、あの婆さんのテント少し変わっとったやろ。それになんであんな風に川のギリギリにいっつもテント張ってたんやろ。流されたら死ぬかもしれんのにな」

「どう変わってたっけ？」

「ほら、他のホームレスの人らのテントとは形が全く違ってたやん。それに組んである骨も木とかロープじゃなくって竹とクリスマスに使うみたいなモールを使っていたし」

「そんなんやったかなあ？」

もうずいぶん前のことだからか、私は思い出すことが出来ない。

「でも今あのテントにおるの全然違う人みたいやで、おっちゃんが出て来たん見たことあるから」

「へえ。じゃあその人が、テント貰ったんかなあ、あのお婆さんどうしたんやろ？」

「知ってるよ」

急にその話題に割り込んできた、見覚えのない元クラスメイトが声をあげた。

「青テントを赤くしたろかって言いながら、他のホームレスとトラブル起こしたとかで、大和川の近くにおられんようになったって聞いてる」

「へえ、じゃああの赤テントは譲ったんと違うくて、奪われたんかな」

ぬるくなったビールを飲みながら、そんな話をし、やがて九時近くになり同窓会はお開きとなった。

私はそこで帰ったので見なかったのだが、一部の人は二次会に移動する間、赤いテントにかつて住んでいた老婆を見たそうだ。

老婆は小学校の頃に見た時と寸分違わぬ姿をしていて、その場にいた人を指さして「殺すぞ！」と叫んでから笑ってどこかに行った。


その翌週、酔狂なクラスメイトの一人が、川沿いで現在赤テントを張っているおっちゃんに、話を聞きに行った。

クラスメイトの話によると、そのおっちゃんはホームレスで、あてもなくぶらぶらしていたが、赤いテントが目に留まり、外から声かけをしても誰もいなかったので中に入ったら気に入ったので、そこに住みついてしまったそうだ。

たまに川の水音に混じって、老人の唸り声と「いたい、いたい」という言葉が聞こえることがあり、もしかしたらテントの前の持ち主の声じゃないだろうかと、怖がっていたらしい。

ぬるい茹で卵

大阪市鶴見《つるみ》区にお住まいの圭亮さんから聞いた話。

圭亮さんとお父さんは、当たるわけないだろうと思って応募した大阪マラソンのランナーに当選してしまった。

普段休みの日は家でごろごろしてばかりいた親子二人は、いきなり四十二・一九五キロを走る自信がないので、最初は二、三キロ、それからは五キロ、八キロと走る距離を伸ばし、何とか最終的には完走出来るようになろうと目標を立てた。

鶴見緑地公園で、休みの度にペースを測りながら練習を重ねていた親子二人は、ある日、穴の開いた軍手をした老人に、走っている最中に後ろからぽんと肩を叩かれた。

「何か?」と振り返ると「よかったらこれ食べてください」とぬるい剥きたての茹で卵を渡された。

喉につかえる感じがするので元々茹で卵が好きでなかったことと、知らない人から食べ物を貰う気味悪さもあって、周りに人が見ていないことを確かめてから公園内のゴミ箱に茹で卵をビニール袋に入れて捨てた。

翌週も、その翌週も、老人はまだ少し温かい茹で卵を渡してきた。

断っても、ズボンの後ろポケットに勝手に入れて、凄い速さで立ち去っていく。

「こんなの貰っても困ります。うちら食べないですからお返ししますよ」と追いかけて、返そうとしても、追いつけず、走る時間帯やコースを変えても、いつの間にか後ろを走っていて卵を手渡されてしまうのだそうだ。

二人は多分、あのお爺さんは元ランナーで、卵がカロリー摂取に効果的だという理由で勧めているのだろうと思うことにした。

追いかけるのも疲れるし、断ってもポケットやフードに入れられて、うっかり卵を潰して服を汚してしまったこともあるから、ひとまず受け取りそして走る途中でゴミ箱を見つけたらこっそり捨てよう。

親子でそう決めたそうなのだが、食べられる物を捨てるという罪悪感に随分苦しめられたらしい。

そのことと、お爺さんの存在の気味悪さもあって、ランニングコースをかなり遠い場所に変えようかと休みの日に家で相談していると、二人とも肩の辺りが変に盛り上がっていることに気が付いた。

シャツを脱いで互いの体を見ると、肩にぼこっと変なこぶが出来ている。

お母さんに見せると、卵が肩にひっついているみたいと言われ、益々嫌な気分になった。

医者に見せると、脂肪腫で悪性の物ではないということだった。

気になるのであればレーザーで切除可能だが、放っておいても害はないというし、親子そろってどちらかというと医者嫌いということで、そのままにしておくことにした。

恰好も場所もだいたい同じ所に、卵大のこぶが出来たのがなんとなくあの貰った茹で卵を捨て続けた罰が当たってしまったように感じていたせいもあり、コースを変える案も立ち消えになって、外でのトレーニングをしばらく止めることに決めた。

ネットで買ったホームランナーを、父と子で交代で使って走ることで足を慣らしていたある日、家庭菜園をはじめると決めたお母さんから、耕すのを少し手伝って欲しい、運動にもなるでしょと言われて、スコップを手に庭を掘ることになった。

数センチも掘り進まないうちに、三人は顔を見合わせた。

卵の殻が土の中から沢山出てきたからだ。

掘っても掘っても、何故かじゃりじゃりと大量の殻の破片が出てくる。

卵の殻には、カルシウムが豊富に含まれているので、土に混ぜ込むと酸性土壌をアルカリ性のカルシウムが中和するので撒くことがあるというのを圭亮さんは後で調べて知ったのだが、それにしても卵の殻が何十、いや何百個分か分からないほど、じゃりじゃりと土の中から出てきたのには参ったし、そもそも過去にお母さんが苺の苗や、茄子を植えた時には土から殻は出て来なかったので確かに妙だった。

数年ぶりの家庭菜園とはいえ、何かがおかしいと、お母さんに家庭菜園の中止を訴えたが、決意は固く、殻塗《まみ》れの土に胡瓜やトマトの苗が植えられた。でも、その庭で作った野菜は変な硫黄のような臭いがして殆ど食べられなかったそうだ。

大阪マラソンの結果はというと二人とも四時間五十分台でなんとか完走出来たらしい。

幽霊パン

叔母さんが、南海高野線のとある駅の近くで、奇妙なパン屋さんがあった話をしてくれた。

駅から歩いて五分ほどの場所に、店名は思い出せないのだが、揚げたての小ぶりのカレーパンと、求肥《ぎゅうひ》の入った抹茶あんぱんが美味しいパン屋があったらしい。

仕事帰り、食パンを買って帰ろうとそのパン屋に寄るとクリームパンと書かれた札に、鉛筆書きで【ゆうれいパン】と書かれていた。

これはどういう意味ですかと、叔母さんがレジの人に聞くと店長が幽霊にレシピを教えて貰って作ったクリームパンということだった。

何だか少し気味悪く感じたので、普通の食パンだけを買って八枚にカットして貰った。

それからしばらくして、そのパン屋に行くと今度はあんぱんの横に【ゆうれいパン】と書かれた札が置かれていた。その日はパン屋の棚にあんぱんばかりで、他の総菜パンや菓子パンは殆ど棚に置かれていなかった。

「それ、粒あんとこしあんで、幽霊からレシピを教えて貰ったのと、通常のいつも通りのレシピで作ったのと両方置いてるんです。よかったら両方食べ比べてみてください。全然違うんで面白いですよ」

そう言われると好奇心が刺激されたせいか、叔母さんはつい両方のあんぱんを買ってしまった。

家に帰りこれじゃ刑事ドラマの張り込み中の食事みたいと苦笑しながら、牛乳と一緒にあんぱんを食べ比べた。

でも、味の違いは分からず、そもそも見た目も殆ど同じだったので、どっちがどっちだったかも分からなくなってしまった。

食パンを買うついでに、味の感想を伝える為に、翌週パン屋に行くと、なんだか店内が前より薄暗く感じられた。

棚に並んでいるパンを見まわしてみたが、ゆうれいパンと書かれた札はない。

「あの、ゆうれいパン全部売れちゃったんですか？」

聞くと、少し疲れ気味の顔をしたレジのおばさんがこう言った。

「あのパンを作り出してから、体重が減るし、何を食べても味がしなくなって。パンがねえ美味しくなっちゃって……。主人も牛乳が珈琲みたいな味に感じたり眩暈《めまい》が増えたりで味覚が狂っちゃって。あれが食べたいってお客さんも沢山いたんですけどね、体が一番大事だから、しばらくは私たちのレシピで作ったパンを置くつもりです」

「あの、わたし、あんぱん食べ比べしたんですが味同じでしたよ。ゆうれいのパンと普通のレシピのパン」

「それはきっと、お客さんが間違えて両方とも普通のパンを買ってしまったんだと思います。申し訳ないからパンの御代金返しますね」

そこまでして貰う必要はないですと叔母さんは断り、食パンを買った。

翌朝トースターでパンを焼いたら、なんだか変に甘さがきつく美味しくなかった。

そのせいか、しばらくしてパン屋さんは潰れてしまったらしい。

あべのハルカス

「ハルカスにお化けが出るって知ってます？」

「ハルカスってあの、あべのハルカス？」

あべのハルカスは二〇二〇年現在、日本国内で一番の高さを誇る超高層ビルだ。

「ハルカス」という名前の由来はホームページによると『伊勢物語』の一説、晴らす、晴れ晴れとさせるの意である「晴るかす」から取ったらしい。

一階は高級ブランド店が立ち並んでいるし、ピカピカに磨かれたフロアに背筋がピンと伸びたスタッフが歩き回っている場所に、お化けが出るというのは何かしっくりこなかった。

「ハルカスのどこにどんなお化けが出るんですか？」

「それが、トイレに出るらしいんですよ」

「花子さんみたいなのですか？」

「そうじゃなくって、鏡そのものがお化け。ある筈のないところに鏡があるんですよ」

「何でその鏡がお化けってわかるんですか?」

「それはですねえ、人や物が映らないからだそうですよ。トイレの壁しか映らないっていうか、映れない鏡だそうです」

「本当にそんなのあるのかなあ?」


あべのハルカスには、子供が遊べるスウェーデン・トリムパークという遊具場があり、よく天王寺動物園に行った帰りに利用する。なので、信じ難いこともあってツイッター上で、あえて詳細を書かずに「あべのハルカスで、何か出るらしいけど、本当かなあ?」という内容の投稿を行ってみた。

するとその日の内に二通、翌日に一通DM(ダイレクトメール)が届いた。

そのうちの一つは近くにある安倍晴明神社にちなんでか「安倍晴明の幽霊が出る」という内容だったが、他二通は「鏡に纏わるお化けが出るらしいですよ」というものだった。

以来、あべのハルカスに行く度にトイレの鏡をなるべくチェックしているのだが、それらしきものは残念ながら未だに一度として見たことはない。

ご神木の枕

京都府精華《せいか》町の柘榴《ざくろ》に住んでいたKさんから聞いた話。

ちなみに精華町の「柘榴」という地名は、平安時代に大洪水が起こり大きな石が流れてきて、巨木に引っ掛かってこの地に留まったことが由来だそうだ。

つまり「石が木に留まる」と記して「柘榴」という意味で、果物の石榴《ざくろ》とは無関係らしい。

現在、その柘榴の地名になった由来の石は、雨ごい石として神社に祀られている。

そんな柘榴の地に住むKさんの家には木箱に入った枕があり、毎年十二月三十日に箱から取りだし、大晦日《おおみそか》に使うことになっている。

これはKさんのお父さんが使っていた物で、枕の中にはご神木だった木の枝が入っている。Kさんのお父さんは柘榴出身でなく、元々は精華町から離れた場所に住んでいた。

なんでも、お父さんが子供だった頃に、放課後よく遊んでいた神社の境内には注連縄《しめなわ》が巻かれた立派なご神木があったのだけれど、雷に打たれて燃えてしまった。

その焼け残りの枝を、何を思ったのか「これを枕に入れると不思議なことがある」と宮司さんがKさんのお父さんに渡したらしい。

そこで早速、家で使っていた枕に枝を入れて寝ると「大晦日の夜にこの枕を使って、見た夢は家族のことならば正夢になる」というお告げのような夢を見たそうだ。


Kさんのお父さんは滅多に夢を見ない体質で、たまに見ても起きたらすぐに内容を忘れてしまうのだが、不思議とこのお告げのような夢の内容だけはよく覚えていて、それゆえにこれは本当のことだろうと信じることに決めた。

ただ、年に一度この枕を使っても、家族の夢を見ることは殆どなく、たまに見ても家族の誰かがトイレに行っているとか、学校に通っているというようなありふれた日常の一部のような夢ばかりだったそうだ。

Kさんはお父さんが亡くなってから、その枕を未来予知がもし出来たら楽しいだろうな、ロト6の当たり番号を見ている家族の姿を夢で見られたら大金持ちだよな、なんて、都合のいいことを考えながら年に一度、この枕を使い続けていたらしい。

しかし、去年の一月一日、折角の正月気分も吹っ飛ぶような嫌な夢を見てしまった。

それは、一家全員が焼け死ぬ夢だった。

真っ黒に焼け焦げて動かなくなった家族の姿に、朝、目が覚めた時にKさんは全身汗びっしょりになっていた。

子供達には夢のことを告げず、奥さんにだけ見た内容を話すと、新年早々嫌なことを言わないで下さいと眉《まゆ》を顰《ひそ》められただけだった。

単なる夢は夢だ。現実になるわけがない。宮司さんも子供だった父親をからかったに違いない。そんな風にKさんは思いたかったのだけれど、奥さんが台所で火を使う度に落ち着かないし、家の中の灯油ストーブや電気スタンドやケーブルも気になる。

冬だから、暖房を消すわけにもいかないし、だいたい火事になる原因なんて考えてあげていくとキリがない。夢を見た日にこれだけ内容に振り回されてしまうのなら、枕なんて使わなければよかった、このままじゃノイローゼになってしまうと後悔しても後の祭りだ。

どうしようと考え、父親に木を渡した神社の人に、この悩みを解決して貰うことを思いついた。

あんなの戯言や、迷信ですよ。そんなわけありませんと、神職の人に言って貰えればこの沈んだ気持ちも晴れやかになるのではないかと思い、例年初詣は京都市内まで出かけていたのだが、今年はKさんのお父さんが住んでいた、家の近くの神社に行くことに決めた。

初詣の後に初売りで福袋を買いたかったと、奥さんや子供には文句を言われたが、その代わり子供にはお年玉の奮発を、奥さんには買い物に付き合って、予算内なら何か一つプレゼントするということで納得してもらった。

神社に着くと、田舎の小さな社とはいえそれなりに参拝客はいて、振る舞い酒も用意されていた。

早速社務所に向かい、宮司さんにお会いしたいと言うと、今日は忙しくて無理だと断られてしまった。どうしてもお願いしますと何度か頼みこむと、奥からかなり高齢のお婆さんが出て来た。

「どうされましたか?」と聞かれたので、これまでのあらましを説明すると社務所の中にKさんだけ入るようにと言われた。

「これに家族の名前を書いて家の敷地内で燃やしてください。これが身代わりになりますから。ちゃんと燃やし切ったらこんどは灰を集めてどこかに埋めて下さい」

そういって、白い四角い十センチ四方の大きさの紙を渡された。

これで助かったとKさんは思い早速、帰宅するなり家族の名前を書いて焼いて、庭に埋めた。娘と奥さんからは名前を書いて焼くなんて、かえって縁起が悪そう、新年早々嫌だと相当色々と言われたが気にしないことにした。


翌朝、目を覚ましたKさんは顔を洗ってから毎日の習慣になっている飼い犬のジョンの散歩のためにリードを取りに庭に出た。

だが、リードは無く、それだけでなく犬小屋も、もぬけの殻になっていた。

あるのは繋がれていたジョンの鎖と首輪だけだった。

「ジョンがいない！」

散々、迷い犬としてあちこちを捜したが見つからなかった。

「ジョンは大変賢い犬で、知らない人について行ったりするようなことは考えられませんでした。見知らぬ人がいれば吠えるように躾けていましたし。雑種なんで、盗まれたのではないと思います。それに首輪と鎖はそのままで、リードだけ見つからないのもおかしいと思いませんか？　たまに、あの時の身代わりの紙に家族なのにジョンの名前を書かなかったから、もしかしたら……と思うんですが、とにかくあの日から後悔だらけで、もうこんな思いをしたりするならと、あの枕は神社に返しに行きました。でも宮司さんは渡したものだからって受け取ってくれなくってね。困って仕方ないから、枕は箱に入れっぱなしにして、金輪際使わないことに決めました」

枕には、魂蔵つまり「魂の納まる蔵」や「真座」が語源という説がある。真座は「神様が座る場」を意味し、魂や神様との関係を意味する。だから枕は魂の器であり、呪器として使われる場合もあると以前とある講座で聞いた。宮司さんは、どのような意図や目的や思いを持って、Kさんの父親に神木を枕に入れるように勧めたのだろうか。

そのことが少しだけ、話を聞いた後に気になってしまった。

コンニチワ

大阪府高槻《たかつき》市の小学校に通う、Bさんから聞いた話。

学校の帰り道「すいません」と見知らぬおじさんに声をかけられた。

声かけは危ない、それが誘拐などに繋がることもあると、先生や親から説明を受けていたBさんは、無視して小走りで逃げようとしたのだが、片手に持っていた習字道具の留め具が運悪く外れて、墨汁や硯《すずり》を地面に落としてしまった。

すると、おじさんは拾うのを手伝ってくれたので、いまさら逃げるのも変だなということでBさんはおじさんにお礼を言った。

するとおじさんは、いいんだよと笑い「ちょっとこれを見てね」と両手をパーで広げて見せてくれた。

そこで、Bさんはおじさんの手の親指が変だなということに気が付いた。

親指の腹に顔にしか見えない物がついていたからだ。

えっと思って顔を手に近づけると、親指についた顔に「コンニチワ」と話しかけられた。

とても小さな目や口や鼻だったが、どれも作りものには見えず、目は瞬きしていたし、鼻も息で膨らんだり凹《へこ》んだりしていた。

突然見せつけられた顔に吃驚《びっくり》したが、こんなすごいものを見たと誰かに自慢したい気持ちもあったので、おじさんに「カメラ取ってくるから待ってて」とお願いした。

すると、親指についていた顔は溶けるように消え、おじさんは両手をポケットに入れて足早に去ってしまった。

学校や家で、親指に顔がついていて「コンニチワ」と言われた話を言ったのだが、今のところ誰も信じてくれる人がおらず、Bさんは腹が立っているそうだ。

ほんまもん

画家の川口さんから大阪市北区中崎町《なかざき》の画廊で聞いた話なのだが、ある日幽霊の絵が描きたくなったので、心霊スポットとして有名な廃墟に行くことにした。

廃墟を背景に、髑髏《どくろ》を持った女性がこちらを見て微笑《ほほえ》んでいる。そんな絵を描こうと思っていたらしい。

秋の日だったが、その年は暑い日が長かったせいか蚊が多く、スケッチしている間も汗がだらだら流れた。湿度も高く、紙がたわんでしまうので、作業はほどほどにして着色は撮影した写真を元に川口さんは家でやることにした。

画材を片づけた後、カメラで廃墟を撮影していると、藪をかきわけてスーツ姿の男性が現れた。突然のことだったが、男性は「ほんもんはそんなんやないですよ」と言って去って行った。

絵の入った鞄をチラッと見てから言われたらしいが、何を描いたのかは外からでは分からなかった筈だし、描いているところをこっそり見ていたとしても、辺りは昼も薄暗いので男性が出て来た藪からでは見えなかった筈だ。

家に帰り描きかけていた女性の部分をスーツ姿の男性に描きかえた。

すると、最初思い描いていたものよりもずっとしっくり来て、良い絵に仕上がったそうだ。

でも完成した絵は何度頼んでも、見せてはくれず、理由も尋ねても何故か教えてくれない。

蛙石

「蛙石《かえるいし》って知ってはりますか？　大阪城にある奴」

怪談イベントの打ち上げの時に、こんなことを聞かれた。

「蛙石ですか？　奇石の話を集めた木内石亭《きのうちせきてい》の『雲根志《うんこんし》』に載ってるやつですよね。もちろん知ってますよ！

蛙石は蛙の形をした石で、元々は河内の川べりにあった殺生石《せっしょうせき》であったと言われていて、石好きの豊臣秀吉に献上されたところ、秀吉にめっちゃ気に入られたんですよね。秀吉は大阪城内の蛙石の上に座って思案していたって伝説もあるんですよ。

でも、大阪城落城の際に、亡くなった淀君や女房衆の遺体が蛙石の下に埋められてしまって、その怨念がこの石に籠もってしまって、それ以来石から身投げする人が後を絶たなかったたっていう話ですよね。他にも、大阪城の堀から身投げをした人は、この石の所にかならず流れ着くとか。高槻にも思案石《しあんせき》っていう似たような話と石があるから、お堀の側にあった石は自殺を呼ぶのかも知れませんね。

ああ、それだけやなくって、昭和の半ばにも蛙石から飛び込んだ人がいて、警察が取り調べたら石に座って写生していたら、着物姿の女性に呼ばれて気が付いたら堀の水の中やったと答えたとか。今は奈良の元興寺に安置されていて、毎年七月七日に供養祭がおこなわれていますよね」

「むっちゃくちゃ話すなあ。いや、そういうのじゃなくって、もっと本物の蛙寄りの石。僕の姉がね、銀杏拾《ぎんなん》いするから、朝早く大阪城に行ってね。

そしたら銀杏の殻くらいの大きさの石に、蝦蟇蛙《がまがえる》の足みたいなのが生えていてひょこひょこ歩いてるん見たんです。気持ち悪いけど、珍しいから捕まえようって、銀杏拾いに使ってた火鋏《ひばさみ》でつまもうとしたら、ぴょーんって跳ねて逃げてったんです。仕方ないから待ってーって追いかけたら、ぽちょんっと堀の方に飛び込んで行ったたって。

田辺さん、名前に蛙ってついてるし、こういう話詳しいっていうか、知ってるん違うかなあと思ったんですが、どうです？」

「いや、初めてそういうの聞きました。大阪城って何か変なもん見たって話、多くないですか?」

「僕は大阪城の辺りは全く行ったことないんで、話振られても困るんですけど」

「そうですか、すみません」

話はそれで終わり、打ち上げも適当なところで解散となってしまった。

泉の広場

大阪ミナミのアメリカ村で妹が古着屋の店長をやっていた頃だから、十二から十四年くらい前になるだろうか。

妹の店の手伝いをした後に、魔窟のような飲み屋の総合ビル『三ツ寺《みってら》会館』に行き、梯子《はしご》酒をして、いつの間にか今まで入ったことのないバーで知らない青年とこんな話をしていた。

「泉の広場に赤い服を着た女がいるっていう都市伝説あるじゃないですか」

「ありますねえ」

「あれって実は、自分の元彼女かも知れないんですわ」

「どういうこと？」

「僕ね、昔、モデル志望の彼女がいて、オーディション用の写真を泉の広場で撮影したんですよ。目立ってなんぼやと思ってたから赤いドレス着て、彼女もノリノリで、何枚も撮ってあの時は楽しかったなあ。

それから数年後、泉の広場に赤いドレス着た女の幽霊だか、お化けが出るって噂を知って、もしかしたら自分がその噂の元かも知れないと思うと面白くなったんです。

それで、彼女に連絡取ってお前のドレス着た姿が伝説なっとるぞって伝えて、また撮影に誘ったんですよ。

何回くらいあの場所に二人で行ったかな。

家に帰ったら〝赤いドレス＋泉の広場〟で検索するのがめっちゃ楽しかった。

でも目立つと後をつけられたりするかも知れないから、冬場はコート、夏は薄手のカーディガンをさっと人が来たら羽織って隠して、女子トイレで待機してた。

それで人通りが少し絶えると出てきてコートを脱いで、赤いドレス姿で急に体を傾けたり、彼女はモダンバレーやってたから、ぐうっと背中を反らせてイナバウアーみたいな姿勢も平気でやってました。

で、驚いた人の顔を見るのもむっちゃ楽しくて、口紅で口裂け女のように唇を塗ったりとか、彼女も僕もだんだんエスカレートしていったんです。

僕も彼女と赤いドレス着て二、三回、一緒になってやったこともあるんですよ。

それとか僕が、普通の通行人や見知らぬ人のフリをして〝うわ！　赤いドレスの女がおる‼〟と驚いて人の視線を集めて、彼女が注目されんのも良かったなあ。

でもそんな赤いドレスの女を二人で仕込みをやったんは、結局トータルで三か月くらいかなあ。なんで止めたかって言うと、彼女のドレスの背中に文字が書かれたんがきっかけなんです。

いつもみたいに彼女が赤いドレスで人の視線を集めて、シュッと近くの柱に引っ込んで隠れとったら、何か背中が白いんですよ。よく見たら白い修正液のような物で『やめてえ』と書かれとって。指で触れるとまだ乾いていない白い液が付いていて、赤い生地に擦れた線が広がったんです。

いつ誰が書いたんやろ、今日は周りに誰もおらんかったやんなあって。

で、僕も何気に自分の背中に手をまわしたら、指先がチクっとしてね。

彼女に見て貰ったら、着ていたシャツにまち針が二本刺さってた。

その上、耳元でしっかりとした声で〝っざけんな〟と聞こえて。

後ろを見ると少し離れた位置で空き缶が一杯詰まった大きな袋を持ったホームレスがニヤニヤしながらこちらを見てたんです。

なんやねんおっちゃん！って声かけても、こっちを黙って見ながら笑ってました。声がした距離にしては遠いし、色々と気味悪くなったから、もう今日は帰ろうなあって言うて、そうやなって彼女も同意してくれて。そうして、それっきりもう赤いドレスを着た彼女と泉の広場に行くことは無かったんです。

彼女とはそれからちょっと距離が出来て、世界旅行がしたいからってピースボートに参加するって連絡来て、メールも来なくなって。やがて新しい恋人も僕に出来て、それっきりになってしまったんです。でも、あの泉の広場の赤いドレスの伝説だけは残ってます」

その話を聞いた後、かなり酔っていたのだが、妹を呼び出してから別の店に移動して、おでんを食べてから帰った。

実を言うと、とある怪談会で別の男性から、自分の彼女が泉の広場の赤いドレスの女性のモデルかもしれない、という話を聞いたことがある。泉の広場には、何人も赤いドレスの女性がいたのだろうか？

縁切りマンション

暗闇の奇祭で知られる宇治《うじ》の県《あがた》神社の近くに橋姫《はしひめ》神社がある。

橋姫神社は瀬織津比咩《せおりつひめ》尊を祭神とする神社で、宇治川の守り神なのだが「丑の刻」参りの原型の話があるからか、悪縁を断ち切る、縁切り神社として知られている。

その橋姫神社から徒歩十分くらいの場所にある、なんてことないマンションの一室に呼ばれた。

「これ見て下さい。全部勝手に送りつけられるんですよ」

目の前には、手紙や化粧品、下着、そしてお札が入っているのかポチ袋や熨斗《のし》付きの封筒もある。

「うちに送ると〝縁が切れる〟って、送られてくるんですよ。ネットで調べても住所も出ていないし、そういう噂もないし、私の前に住んでいた人にそういうのはなかったと不動産屋さんからは聞いているのに、なんで集まるんでしょうねえ。

介護中の両親もいて、仕事場も近いし引っ越しするのもお金や時間も必要だから、しばらくはここにいるつもりだけれど、やっぱり気持ち悪いでしょう。どこかにうちの住所を利用した縁切りの新興宗教でもあるんかなあ？」

そう語るマンションの住人のMさんは、机に並んだ品の中から封筒を手に取って見せてくれた。

「これ見て下さい。中に十万円がピン札で入ってたんですよ。むせかえるほどの香水の匂いが染みついた袱紗《ふくさ》に、封筒と綺麗な女性の写真が同封されてて、どうか息子と結婚させるために、この女性と付き合っている男を別れさせて下さいって書かれてて、このお金は手を付けずにおいてありますが、袱紗《ふくさ》は臭いから捨てました。捨てたあとも数日間は家中が香水臭くって、ごはんも食べる気しなかったわ。他にこれ、開けてみて下さいよ」

農紺色の指輪のケースを手渡され、開けると金色の小さな欠片のような物が出てきた。

「これって……」

「多分、歯のかぶせもの。金歯やろうね。この歯の持ち主との縁を消し去って下さいって書いた手紙に包まれとったもん。まあ、歯は珍しいけど指輪とかイヤリングの片っぽとかアクセサリーが多いよ。旦那さんの浮気相手の持ちもんやって、かなりゴツイのんもあったから、きっと奥さんへのアピールでわざと置いてったんちゃうんかなあって思う。そこに置いてある分だけやなくって、押入れにもぎっしりあるで。全部捨てんと纏めて一か所に置いてあんの。お金に換えるのも自分のもんと違うし、あとで返してって言われたら嫌やから。

うちのマンションやったら屋上に鴉《からす》が多くって生肉でも置いてあるんかって言う人もおるけど、もしかしたらうちにあるこういう物と関係あるんかもね。いや、それはないかな。あはははは」

Mさんは歯を見せて陽気に笑ってくれた。

帰りにMさんのマンションの前を通ると、確かに沢山の鴉が忙《せわ》しなく飛び回っていた。

病院の看護師さんから聞いた話

大阪市内の総合病院に勤めていたという夏帆さんから聞いた話。

そこの病院には、毬《まり》をつく女の子の幽霊がたまに出て、見た人の冷蔵庫やカバンやロッカーに入れているお菓子が無くなるという噂が看護師仲間うちであった。

夏帆さんは、お菓子を間違えて食べてしまった人の変な言い訳だろうと思っていたし、幽霊やその類の話はバカバカしいと思って全く信じていなかった。


ある日、夜勤明けの駐車場で、チャリンと部屋の鍵を落としてしまった。

顔を上げると毬ではなく、バスケットボールが誰もついていないのにダムダムとコンクリートの上を上下に跳ねていた。

側には薄汚れた浴衣姿の男の子がいて、口を半開きで上下に動くボールを眺めていた。

あまりにもはっきり見えたので幽霊やお化けとは思えなかったけれど、普通の子供とは全く違う、異質な雰囲気があった。

鍵を拾い、なるべくそちらを見ないようにして、いつものように自転車に乗って家に帰った。

家に帰ると封を切っていないフリスクの中身が空っぽになっていた。

西陣児童公園の騎士

京都市内の、西陣《にしじん》児童公園には、西洋の甲冑《かっちゅう》を纏った騎士の像がある。
両腕はなく、台座には昭和五十四年三月と刻まれているから、そのころに建てられたのだろうか。

その騎士の像に纏わる変わった話を、近所に住んでいたという人に、騎士像の前で聞いた。

「どう思います、この像？　僕の通っていた小学校で結構色んな伝説があったんですよ。誰かが仮装して入っている時があるとか、自転車をこいでる姿を見たとかね。両手は昔あって、腕は新撰組の銅像に切られたって噂もありました。

何かほら、今にも動きそうでしょう？

そいで僕、実際に動いてるところ、見たことあるんです。小学三年生の時知り合いとサッカーしてて、ボールが像の方に行ったらポンッと像が蹴り返してくれたんですよ。覚えてへんかもしれへんけど、昔ボール返してくれてあの時はありがとうな」

そう言ってポンと軽く銅像を叩いた。

どうして、ここに西洋の甲冑姿の銅像が立っているのかは分からない。

公園に建っている物なので、区役所に問い合わせてみたが分からなかった。

そんなわけで、西陣の公園に何故西洋甲冑なのかはいまだに謎のままだ。

そこで見たのは

京都市内にある某出版社に勤務していたAさんから聞いた話。

「昔からうちの社屋は出るって聞いていて、古い建物だからありがちな噂なんだろうとしか思ってなかったんですけれど、実際に一度だけハッキリと見てしまったんです」

Aさんが、見たのは会議中のことだった。


スクリーンにはパワーポイントで作られた企画書が映っている。

出版不況の最中に、企画を進めて本を出すのは難しい。私の好きな作家の企画を上手くプレゼンテーションしなくっちゃと、思いながらふと、顔を上げるとスクリーンの横に浦島太郎が立っていた。

小脇には玉手箱なのか黒い漆《うるし》の箱に反対側の手には釣竿。頭はちょんまげで着物姿に腰には蓑を付けている。とても不機嫌そうで、目が血走っていて怖い表情だったが、どう見ても絵本で知っている浦島太郎がそこにいた。そんな状況にもかかわらず、みんな普通に会議を進めている。

「変な人がいます！」と声を出そうとしたが、Aさんの体はどんなに力を入れても少しも動かすことが出来なかった。

私の異常にどうして誰も気が付いてくれないの！　スクリーンの真横に浦島太郎がいるのに！

背中や額に汗が浮かび、渾身の力をこめても声を出すのはおろか、手に持ったペンさえ動かすことが出来ない。

コトッと乾いた音がした。

誰かが机の下にペンを落としたような音だった。

するとふっと金縛りは解けて、体を動かすことが出来た。ペンを走らせることも出来るし、他人の発言にも頷ける。

浦島太郎の姿もパッと電気を消すようにその場から消えた。

Aさんは深呼吸をして気持ちを落ち着かせてから、今までの異常を周りに訴えようかと思ったが、会議を中断させ「浦島太郎がさっきまでそこにいて、金縛りにあってました」と言ったら周りの人はどう思うかと想像して嫌になったので何も言わないことにした。

でも、その夜の飲み会で「浦島太郎が……」と言うと「それ、話すとまた見やすくなるから、言わんとき」と、同僚に止められた。

「もしかして、他にも見た人がいるんですか?」

「だから言わんときって、話したらまた見るから。これ以上言うなら席立つよ」

かなり強い口調だったので、その話題はそれっきりになってしまった。

何故浦島太郎なのか、どうして見た人が金縛りにあうのか分からない。

退職後も、某携帯会社の浦島太郎が出てくるコマーシャルを見るたびに、あの目が血走って小脇に黒い漆塗りの箱を抱えて辺りを睨みつけていた浦島太郎を思い出して嫌な気分になってしまうそうだ。

某モールの話

複数の人から、京阪電鉄のとある駅に隣接する同じ施設に関する怪談を聞いた。私もその施設はよく利用しているのだが、そんな話があるのは知らなかった。

ただ、その建物には、言われれば不自然だなあと感じる所が幾つかあった。

大きな川に向いて建てられているその施設は、夏は川から上がる花火が見えるし、冬は橋や川べりを彩るイルミネーションがあるのに川側が見える店舗が少ない。

むしろ川が見えないように意図して作られたようなフロアばかりで、川が見える場所も、建物の隅のスペースにベンチだけが置かれているだけで、見晴しがいいのに案内すらない。

夏場は屋上がビアガーデンとして開放されているのだが、鏡貼りの柱と階段を抜けてしかその場所にはたどり着けないし、まずビアガーデンの入り口で目にするのは、ビアサーバーでもパラソルでもなく、極彩色に塗られた不動明王《ふどうみょうおう》像だ。

商業施設や会社の上に稲荷神社があるのはよく見聞きするけれど、大きな不動明王像が一番目立つ場所にどーんと置かれているのは珍しい気がする。

その施設に纏わる不思議な話なのだが、透き通った警備員の恰好をした人を見たとか、全体が薄い、向こう側が見える緑色の服のおばさんがエスカレーター内にいたというものだった。

他にも顔色の悪い中年の男性が休憩場で座っていて、息が荒くあまりにもしんどそうだったから、肩を叩いたら、その手が通り抜けたことがあったらしい。

怪談は集めていると、何故か同じような場所で同じような話が全く縁も繋がりもない人から集まることがある。

その月は、ちょうどこの本を出す話が編集者Nさんから出たこともあってネット上で、知り合いに怖い話はないか聞いて廻ったり、怪談会にも積極的に参加していた。

そこで、テーマがテーマなので、大阪か京都で何か怖い話知らない？　と聞くと、そういえば前な……と言って、この某モールの話に繋がることが多かった。

何か急に語られる切っ掛けがあったのかなと思って、ネットで調べてみたけれど分からず、語ってくれた本人に確認しても、なんとなく前に聞いたり、体験した話を今になってふっと思い出したということだった。

人によってどうも集まりやすい話やネタの傾向があると思う。

でも、他の怪談作家の人に聞くとそうでもないということなので、人によりけりなのだろう。

生首売買事件

怪談作家の三輪チサさんが主宰している「ひらかた怪談サークル」というグループがある。

そこの参加者さんから聞いた話で、図書館にある古い雑誌や、新聞には今では考えられないような事件が載っていることがあり、中にはハッキリと事故や事件の被害者が幽霊を現場で視たなんて内容の記事もあるということだった。

私も実際に、そういった記事を読んでみたいなと思い、近所にある図書館に行って古い新聞の縮小版の日時を指定して観覧してみることにした。

生憎《あいにく》、幽霊を視たという内容の記事を見つけることは出来なかったが、明治の辺りの記事を纏めた物を読んでいると「生首売買事件」という見出しの入った文章が目に入った。

明治三十五年の新聞から、生首売買に関する事件記事を大まかに要約するとこんな内容だ。——大阪市内で、人間の生首を黒焼きにした物が売られていて広告まで出ていると聞き、捜査がはじまった。黒焼き生首の広告を手にした日本橋《にっぽんばし》の警察署の警部と刑事は、広告の主を見つけ出し、黒焼きの生首を薬として売っているそうだがまさか人間ではあるまい。だが、念のために何の動物なのか調べさせてくれと、調査を行ったところ、庭の竈《かまど》の上に置かれた釜の中から人間の生首が一つ発見された。

まだあるのではないかと、家の周りを調べたところ、更に裏手の空き地から二個、人間の生首が出てきた。

これらの生首の出所について取り調べを行ったところ、住吉の近くにある共同墓地から二個を盗み、家の近くの池に生首がぽっかりと浮かんでいたので拾ったと、広告主が証言した。その結果、生首売買の犯人とみられる広告主の人物が、墳墓発掘窃盗罪として検事局へ送られることが決定した。

どうやらこの時期、大阪では病気の特効薬として秘密裏に人体や臓器の売買があちこちで行われていたようだ。

気になったのでネットオークションや古書店などで当時の雑誌等を取り寄せ、この事件や人体を使った特効薬の噂についても集めてみることにした。

するると、死体を盗んで焼いて売ること自体、この頃はそう珍しくなかったようで、死んだばかりの遺体を焼いた物は特に薬効が高いと言われていたようだ。

なかには、頭を返せと言われながら亡霊にこしまきで首を絞められて、随分と苦しめられた遺体泥棒がいたらしい。

なかなかアグレッシブな幽霊が明治時代にはいたようだ。

当時、はやり病があると、まず薬として遺体の生き肝が狙われたそうで、土葬の地域でもあらかじめ腹を裂いて肝だけを泥棒に盗まれないようにと、取り出して焼いてしまうこともあったそうだ。その後の焼いた肝はどうしたのかは記録には無かったので分からないが、遺体の全部を火葬にしなかったのは、それが出来るほどの炭も薪もない、という理由が多かったらしい。

遺体泥棒が、棺桶を開けて肝を採ろうとしたところ「俺のは美味ないぞ」と言われて腰を抜かしたという記事も見つけた。

昭和に入っても、田舎で土葬の地域は肝目当ての盗人が出たそうで、遺族は肝が盗まれることが無いようにと棺桶の釘は強く打っていたそうだ。

スパプー近くの廃墟

大阪の浪速に「スパワールド世界の大温泉」という施設がある。

地元の人たちはスパプーと呼んでいるその施設を、私は五歳になる子供とよく一緒に利用している。

大浴場だけでなく、プールもあるし、子供用の遊び場もあるので、休みの日に体力マックス状態の子供が「どっか連れてってよー」と言うと「しゃあないなあ、スパプーでも行こうか」と連れて行くことにしている。USJ（ユニバーサル・スタジオ・ジャパン）などのレジャー施設と比べるとかなり割安で家からも近いし、ともかく子供は泳がせておけば疲れてくれるし、よく食べて寝る時間も早くなる。

そんな風にお世話になりまくっているスパプーの建物前には石碑と廃墟がある。

石碑には「大阪国技館跡」と書いてあり、焼け落ちた様の廃墟は駅から徒歩数分の位置で、通天閣や動物園等の観光地の近くという一等地にもかかわらず、何故かずっと廃墟のままで整地される気配すらない。

その廃墟にはこんな噂がある。

スパワールドに宿泊していた客が、窓から通天閣を含む周辺の建物を撮影した。あとで画像を見てみると、手前の廃墟の中に人影らしきものを見つけ、なんとなく気になったのでズームしてみると、首を吊っているように見えた。

驚いた撮影者は直ぐに警察に通報した。

駆け付けた警察官が焼け跡の廃墟の中を確かめると、そこには複数の自殺者と見られる白骨遺体が見つかったという。

それ以来、その廃墟は首吊り廃墟と呼ばれるようになったそうだ。


幾つかその廃墟周りの怪談話は聞いていて、一昨年の夏にこんな話を聞いた。

東京から夜行バスで大阪にやって来たNさん。

高校までは関西に住んでいたので、地元の友人と合流して新世界で串カツを食べて飲んだ後に、スパワールドの大浴場に入り、同じ館内にあるホテルの部屋に入った。

窓を開けると通天閣が見えたので写真を何枚も撮った。ただ、目の前に薄暗い火事にでもあったような真っ黒に煤けた廃墟があってそれが気に入らなかった。

しかし、通天閣や窓から見える街のネオンよりもその廃墟が気になって、何枚もカメラや携帯電話で撮影してしまった。

友達は部屋でも飲みたいからと、撮影しているNさんを置いて売店に向かった。

Nさんは夜行バスで眠れなかったせいもあり、写真を撮り終えると自分で押入れから布団を出すと敷いて、先に少し眠ることにした。

明日は大阪のどこ見て、何して遊ぼうかなあ……そんなことを考えるうちに寝てしまったNさんの耳に、どんどんどんどん！　と外側から窓を拳で叩く音が聞こえた。

酔っていたこともあって、煩《うるさ》いなあとしか思わず「静かにしてよ‼」と窓に向かって怒鳴りつけると、次は手のひらをパーにして叩きつけるような、ビタン！　ビタン！という音が返ってきた。

友達は売店からまだ戻って来ていないようで、部屋は真っ暗だった。

電気を点けると音は止まり、そこでNさんは「あ、ここ五階だ」と気が付いたという。

窓の外に足場がないのは、撮影した時に見たから知っている。

不気味に感じて、部屋の中にいるのが嫌になり大浴場に行くことにしたが、Nさんは夏だというのに肌寒くてしょうがなかった。

廊下では誰にもすれ違わず、両手で体を摩りながら浴場に向かった。脱衣場で鏡を見ると唇が真っ青になっていた。

「クーラー効きすぎでしょ」

そうひとりごち、温度調整について館内の人に文句を言ってやろうと思ったが、他の人は平気そうな顔で服を脱いでいる。歯をカチカチ鳴らせながら、掛け湯をして湯船に体を沈めても、まだ寒気が治まらない。

側にいた人に「ここ、クーラー効いて寒過ぎですよね」と話しかけたが「そう？ こんなもんと違う？ 寒いと思うんなら、あんた風邪気味なんちゃう？」と返された。

かなり長湯をしても体は全く温まらず、部屋に戻ると耳鳴りがしてきた。

やっぱり風邪気味で、さっきの部屋の音も体調不良からの幻聴なのだと思い、時間はまだ夜の十時過ぎだったが、気を失うように眠って、朝の五時に目が覚めた。

部屋の中に黒い犬がいたからだ。

ハッハッハッと荒い息を吐き、鼻が濡れているのが見える。

手を伸ばすとピンク色の舌でぺろりと舐められた。

どうして部屋の中に犬がいるんだろうと、不思議に思わなかったそうだ。

友達は何時の間にか部屋に戻っていたようで、空いたビール缶が枕元に転がっている。

布団の中でぐっすりと眠っていて、化粧を落としているから眉毛がなくってまるで別人のようでおかしい。

「ねえ、犬がいるよ」と友達に呼びかけたが、相当深く眠っているのか返事は無かった。

黒い犬を何度か撫でると、嬉しそうに尾を力強く振ってくれた。

そして気が付くと、昼前になっていた。

「チェックアウトの時間だし早く起きてよ！」

ばっちりメイク状態の友人に急かされて、部屋を後にした。

化粧品の匂いに混ざって、あの犬から感じた獣臭さが部屋の中に少し残っていた。


それ以後も何度かスパワールドのホテルを利用し続けているけれど、変な目に遭ったのはあの一回だけだという。

「写真を撮ってしまったから、バチが当たったのかな？　あの廃墟の写真撮ったからおかしな目に遭ったような気がするんです」

Nさんはその時に撮影した画像を見せてくれた。

別に何か変なものや特別なものは写っていない単なる廃墟の画像だったが、後日その中の一枚を送ってくれたので、怪談会で披露したところ「何か変な大きい犬みたいなもんが見える」と突然、何も話していないのに画像を指さして言い出した人がいた。

見える人にはわかるのだろうか？

長い髪

昔、学生時代、京都市内の古本屋でアルバイトしとってね。

学生向けの参考書なんかをようさん扱ってる所で、当時は結構流行《はや》っとったなあ。

今はその店は無くって、駐車場になってんねんけどね。

その古本屋の近くに神社があってな「ぬれがみさん」言われとった。

今はそんなことしてはる人がおるかどうか知らんけどね、当時は縁切り祈願をする人は長う伸ばした髪をバッサリ切って「同じように○○と縁が切れますように」と神さんに手を合わせはったらしい。

神社って場所は願いを叶えるんやなくって、誓いを立てる場所なんやってことを教えてくれたんは、そこの古本屋の店主でね。毎年「我が店から万引き撲滅！」て神社に手を合わせに行ってる言うてました。

当時は大江健三郎や、柴田翔や庄司薫なんかを読みながら、その合間にちょっと店の中掃除して、それだけでアルバイト代貰えてね。まあのんきな時代でしたわ。

今やったら、そんなアルバイトおったら速攻クビや言われると思います。

そんなのんきなアルバイトの最中にたまぁに、ぞわぞわと黒い蛇みたいなもんが店の前を横切ることがありまして「なんやあ？」と覗き込んだら、店主に「ぬれがみさんの縁切り髪やぞ、触らんとけ！触ったらお前のいい縁もぷっつんと切れるからな！」と言われて、ぞおっとしたん覚えてます。

縁を切りたい一心で納めた髪の毛が、元の主の願いを叶えようと必死になって這い出てるんやろ。それにしても雨の日にあれを見ることが多いんは、ぬれがみさんなだけに、濡れてないとアカンのかもなあって店主が色々と言っとったなあ。

昔、あの濡れ髪が戸口の隙間から入って来て、本を万引きされたことある！ってとんでもなこと店主が言っとった時があってね、なんか、しゅるしゅると髪の毛の束が積み本の中から一冊抜いて出てったらしい。あっけに取られて店主は見ているしかなかったらしいねんけど、その日近くで心中があってね、女が持ってた本とタイトルが同じやったって。

「その本のタイトル何か分かりますか?」と私が訊いた。


特定の病に関する本やから、聞かんといて。

今と違って当時は偏見の塊《かたまり》みたいなどうしようもない連中がようさんおったから。

命を絶つんやなくて、その女の人も偏見や病と縁を切るように何かに願っとったら、と雨の日は考えることあんねんけどね。

君はなんか、どうしても切りたいと思うような事って今までの人生にあったかな?


私は初対面であったし、必要以上に内面を探るその人の目が嫌になったので曖昧にはぐらかして帰った。

たまに、どうしようもないくらい、思い出すと悔しいと思うことが、次から次へと湧き上がってくることがある。でも、そういう自分の恨みや悔しさそのものに、付き合う気力も若さも最近は持ち合わせていないので、そういう気分の時はただ疲れているんだと思い、さっさと寝てしまうことにしている。

縁結び

縁切りより縁結びの方が怖いですよ。そう思いません？

嫌な人と縁を切るのを願うより、他人が嫌ってる人と縁を無理やり結ぶ。それって呪いみたいなもんじゃないですか。

京都の××神社は、昔縁切りで有名だったんですけど、色々あって、縁切りじゃなくて、縁結びだけの神様ってことにしたんです。

元々、悪縁を切って、新しい縁を結ぶって神様だったんだけど、新しい神主さんが縁切りはイメージ悪いし、縁切りの絵馬を面白がって撮影してネットに上げたりする不届き者がいるからってことで急に、うちは縁切りはしませんし、関係ありません、縁結びだけの神社ですって言い出したんですよ。

私、別にそれくらい、いいやんって思うんですけどね。話題になるわけやし。神社も人気商売やないですか。

縁切りから縁結びに変えた途端にね、その年から嫌いな子と憎い相手の縁結びを願う絵馬や、ストーカーが無理やり縁を結びたがる絵馬が増えたんですよ、その神社。

ちょっとこれ、見て下さいよ、この絵馬の写真。

DVの元彼の○○と友達の○○の縁結びを願いますやって。

この願い叶って欲しいなあ。

私の元彼もめちゃくちゃ殴る人やったし、不幸なのは私だけじゃなくって、そういう人がおるって分かるだけでも、なんか安心するから。

鯉のお化け

鯉《こい》は魂を呼び、運ぶことがあるという。

第二次世界大戦の折、出征兵士の壮行会では鯉に兵士の名を呼び掛けてから池や川に放したらしい。

行ってこいよ、帰ってこいよという願掛けのためだったらしい。

親戚の寺院でも昔、鯉を呼びかけてから放つことをやっていたらしく、体験者の方からこんな話を聞いた。

「出征した兄の名を呼びながら池に鯉を放ちましたよ。なるべく大きい立派な鯉にしようと言ったのに、なんでか母は小さい緋鯉を選んで放ちましてね、未だにそれが気がかりです。はっきりした日時は覚えてないんですが、なんかの用事でお寺の池の側を通りかかった時にですね、池の中から鯉がひょいっと顔出して〝おい、お前なあ、元気でおれよ〟と話しかけられたんです。そん時もう、兄はこの世の人ではなくなったと感じました。結局、戦死の報せも何にもあれへんかったけど、あの時この世の者ではなくなってしまった兄が、一番可愛がってくれた弟のわたしの所に鯉の口を借りて励ましてくれたんやろうなあと思ってます」


私が幼いころ、叔父が古い日本庭園付きの家を買った。

庭には畳二畳分くらいの池があり、鯉が既に何匹か泳いでいた。

親戚には鯉を道楽にしている人が何名もいるから、その影響を受けて家を買うなら鯉の飼える場所にしたいと思っていて選んだ家なのだそうだが、叔父は引っ越しをする前にご近所さんからこんなことを言われてしまった。

「猫に気を付けてね。前の人は何匹鯉を飼っても猫に捕られるからと、ピアノ線を池の上に張ってはりましたよ。それにしても今時池なんて、ない方がいいんと違います？ほら、間違って落ちたら危ないし、手入れも大変でしょう」

悠々と泳ぐ鯉が捕られては面白くないなと思い、ホームセンターで猫除けになるとげとげの付いたマットを買って、池の周りに敷いた。

池の上に張る網も勧められたのだが、景観が悪くなるので買わず、しばらくの間はこれで様子を見てみることにした。

自分の家で、庭の池を泳ぐ鯉を見ながら酒を飲むのが夢だった叔父は、早速その夢を実現することに決めた。

家の中はまだ、家具の開梱すら終わっていなかったが、鯉を見ながら飲む誘惑には勝てなかったそうだ。

空は潤んだ朧《おぼろ》月夜、コンビニで買った冷酒を硝子《ガラス》のコップに注ぎ、ぐっと飲んだ。

蒸し暑い日だったけれど、体中に染みるように美味く感じたそうだ。

それから夜は、酒を池の側で飲む習慣がついてしまった。


ある日、いつものように池の鯉を見ながら晩酌を楽しんでいると、急に池の傍に鯉が集まり始めた。そして、水面の近くに寄って鯉達が口をパクパクと開けて歌い始めた。

童謡のようなメロディで懐かしく、聞き覚えがあるような歌なのだが思い出せない。

そんな曲を歌い終えると、何事も無かったかのように鯉達は池の中に潜り再び泳ぎ始めた。

「今思ったらお盆だったからでしょうかねえ、かなりいい声でしたよ。鯉は魂を呼ぶって寺で聞いたことあるから、誰かが宿って歌ってたんじゃないかなあ」

しかし、そんな美声を披露した鯉たちは猫に捕られたらしく、ある日突然一匹もいなくなってしまった。猫除けの対策もしていたのに、やはり網を張るべきだったかと叔父は随分後悔したそうだ。

今、叔父の家の池で泳いでいる鯉は、新たに買ったもので夜は網をかけ、昼間は猫除けセンサーを起動しているのだが、それでも猫や鴉が狙って捕られているそうでなかなか鯉を飼うのも大変だと言っていた。

鯉塚

講談で聞いた「違袖音吉《たがそでのおときち》」という話に纏わる碑が近所にあると知り、大阪市都島区の東野田《ひがしのだ》の交差点を少し進んだ所にある、大長寺《だいちょうじ》に行ってみた。

門の中に入ると、すぐ見つけることができた鯉塚にはこんな話が伝わっているそうだ。

寛文《かんぶん》八年、大川で人を引き込んでいた二メートルを超える大鯉を、魚河岸を仕切っていた音吉が捕えた。「これは川の主に違いない」と皆が言うので、しばらく京橋界隈で見世物にしていたのだけれど、死んでしまった。

鯉の主を捕ったことで侠客《きょうきゃく》として名を挙げた音吉は、死骸を大長寺に渡し、ご住職は回向《えこう》を行った。すると、夜中にご住職の枕元に巴紋《ともえもん》の甲冑姿の武士の亡霊が現れた。

武士の亡霊は「私は、大坂の陣で命を失ったものだが、殺生の報のせいか鯉に生まれ変わり成仏出来ず川でもがいていたのだが、ご住職のありがたい回向で成仏することが出来た」と語って、すうっと煙のように消えてしまった。後には、大きな巴紋の入った三枚の鱗が残っていたという。そこで住職は「瀧登山鯉山居士」と戒名をつけて鯉塚を建てた。今も巴紋の入った三枚の大きな鱗は大長寺で大切に保管されているそうだ。

ちなみに鯉塚の隣には、この謂れのモデルになった漁師「誰が袖乙吉」の墓と「心中天網島《しんじゅうてんのあみしま》」の小春・治兵衛の比翼塚も並んで建つ。

私が行った時には、鱗を見ることは出来なかったけれど、近くには網島市場があり今も大きな鯉がかつていた魚河岸の雰囲気を微かに感じることが出来る。

近くのたこ焼き屋で聞いた話なのだが、大川でたまに二メートル級の魚影を見ることがあるというので、何かまだ川の中にいるのかも知れない。

腹の中

京都府京田辺市《きょうたなべ》に住んでいた親戚が旅行に行くというので、その間、庭にいる鯉の世話を頼まれたことがある。高校生のころだ。

と言っても、いい加減な私に任せられるくらい簡単な仕事で、それは餌を決められた時間にやるだけのかなり気楽なものだった。

池を見ると散らした紅葉の合間に、緋や白や金、銀の艶めかしい鱗と模様を持つ鯉達が気持ちよさそうに泳いでいた。

留守の間、家の中の物は自由に使って良いと言われていたのだが、親戚とはいえなんとなくいつも暮らしている家と違う場所は落ち着かない。

私はズボラという文字を背負って生きているようなタイプなのに、親戚には几帳面な人が割と多く、ピシッと整理された空間にいると少し責められているような錯覚を受けてしまう。

足の裏に感じる冷えた床板の感触や、私の家には無い仏壇の線香の残り香が不安をかきたてたが「頑張ってみよう！」と誰もいない空間に向かって声を出し、私は気持ちを奮い立たせた。

親戚は以前、妹に鯉の世話を頼んでいたので、妹に出来て姉の私に出来ない筈がない！　そう思いたかったのだ。

鯉の世話をする期間は、一週間だった。

だが、世話を始めた初日に早速、嫌なことが起こってしまった。

庭の池を見ると、白い腹を見せて鯉が浮いていたのだ。

私は長い竿の付いたタモでつんつんと鯉を突付いてみたのだが、全く動かない。

手元に寄せてみると、鯉はもう既に死んでいるのが分かった。

そして気になったのだが、死んだ鯉の腹が他の泳いでいるのと比べて異様に膨らんでいた。私は鯉の生態に詳しくないので子持ちで腹の中にたっぷり卵でも詰まっているのかな？　なんて考えながら、タモで掬《すく》い上げた。

鯉の死体は、穴を掘って勝手に埋めた。

埋めている時に、ＪＲ片町線（学研都市線）の電車が線路を通るガタンゴトンという音が凄く耳障りに感じた。そしてちょっと池の傍で泣いてしまった。理由は、自分が情けなかったからだった。

死体を見つけられたら、世話を頼んだ甲斐が無い、妹の方にやっぱり頼んでおけば良かったとがっかりされるのが嫌だったからだ。

同じ日の夕暮れ時、私は池の中で浮いている鯉をまた見つけてしまった。

それも今度は二匹で、両方とも前に掬った鯉と同じように腹がぽっこりと丸く膨れていた。私はその鯉も同じように、タモで突付いて死んでいることを確かめてから埋めた。

二日目の朝、また鯉が腹を膨らませたまま一匹浮かんでいた。

メスの鯉ばかりが死んでいるとは限らないだろうし、中に悪いガスでも溜まっているのかなと思ったのだが、確信が持てなかった。

動物病院が駅近くにあるのは知っていたけれど、鯉の蘇生を頼めるとは思えないし、そもそも水棲動物を持ち込んでいる人を見かけたことさえ無い。

九十年代後半の出来事だ。

当時はインターネットのサイトも充実しておらず、スマートフォンも無かった。トラブルの解決方法を見つけ出すのは電話帳のページを繰るしかなく、分厚い黄色い表紙の薄紙を捲り続けたが、鯉のトラブルを任せられる業者を当時の私は見つけ出すことが出来なかった。

私は世話を申し付けられているのにもかかわらず、次々と死んでいく鯉を掬うのに嫌気が差していたことと、膨らむ腹の原因を知りたかったので、茶の間のペン立てにあったカッターナイフを持ち出して、掬った鯉の死体の腹を裂いてみることにした。

ぬるぬるとしていたことと、想像していたよりも皮が分厚くて難儀してしまったが、腹は何とか裂くことが出来た。

魚なのだから、カッターよりも包丁の方がやりやすかったかも知れない。

そんなことを考えながら腹からビロビロと出てきた臓器をカッターの刃先を使って突付くようにして出すと歪《いびつ》な形をした内臓が出てきた。鯉は胃袋が無いと聞いていたので腸だろうか?

中には何か黒い物が詰まっているようだった。

ビニールを食べて海洋生物が死んでしまったという話を聞いたことがあるから、誰か私が知らないうちに庭にそういった物を捨てて鯉が誤って食べてしまったのかも知れないな、なんてこと考えながら、ピッと内臓を裂いて出てきた物を見て私は絶句した。

それは足を絡ませたカミキリムシの塊だった。

中には動いているのもいて、ざわざわと動く白と黒のストライプの触覚が気持ち悪かった。鯉は悪食《あくじき》で胃がないので直ぐ目についた物を丸のみしてしまう。でも、庭にそんなにカミキリムシがいるとは思えない。

それに、死んでしまうくらいカミキリムシを鯉が食べてしまうなんてこと、そう頻繁にあることではないように思えた。

次の朝も鯉が浮いていたが、掬うと私はそのまま埋めた。

他の鯉の腹も裂いてみる気にならず、またぞろぞろとカミキリムシが出てきたら嫌だなと思っていたし、私は虫が苦手だからだ。

親戚が旅行から帰って来て、鯉とカミキリ虫の話をしたら二人は揃って頷くばかりで、鯉を死なせてしまったことを責められもしなければ、怒られもしなかった。

私は親戚が帰って来る日までに十匹以上の腹の膨れた鯉を掬って埋めていた。

その後、私は、因果関係はないと思うけれど、腫瘍が腹部に見つかり三週間程入院することになった。

飛田で見たもの

某雑誌の編集者さん二人から聞いた話。

大阪西成区《にしなり》の飛田《とびた》にある料亭「鯛よし百番」に予約をしていて、夕方お店に行く前に飛田の町をうろうろしてみようってことになったんです。

昼間は人通りの殆どない静かな通りで、言われなければふらりと迷い込んでもそこが色街とは分からない感じでしたね。で、「あれ、何かのパフォーマンス?」って先にこいつが気づいたんですよ。「何かあった?」ってそっちに視線を向けたら、スラックスだけの下半身がよたつきながら歩いてて。手品かな? 凄い本格的だな、上半身の部分はどうやって隠しているんだろうなあって、感心して写真を撮りたくなったから、携帯電話をジーンズのポケットから出して構えたんです。

でも、ピントを合わせようとして、対象にズームを寄せていたら、パチンとスイッチを切ったようにそれが消えたんです。横を見て「ねえ消えたん見た？　見た？」って聞いたら「見ました、見ました！　赤い着物を腰に巻いた人が歩いていたけど、あれ？　何？　どうして消えた？」って言いだして、それを聞いて、二人して違うものを見ていたことが分かったんですよ。

幽霊にしては色もはっきりしていたし、幻とは思えないほど形もちゃんとしていたし、未だにあれが何か分からなくって。で、それから天王寺と新今宮《しんいまみや》の辺りを適当にぶらぶらして、夕方になったから「鯛よし百番」に行ったんです。

お店で今日見たものの話したら、仲居さんが、こう言ったんですよ。

「飛田で何か見たって人の話はよく聞きますよ。私は一度も見たことないですけれどね、いろんな思いが渦巻く町ですし、そういう話が幾つかあっても不思議じゃないんじゃないですか？」って。

「へえー」「やっぱりい」なんて言いながら料理を口にしつつ相槌を打っていたら、ギシッと大きく部屋がゆがむように揺れてね。それも地震とかじゃなくって、店全体が「そうだ」と答えるために揺れて音を出したように感じて、何か「大阪凄いな」って思いましたよ。

京都の病院

これは祖父から聞いた話だ。

健康診断で不調が見つかり、紹介状を書いて貰って京都市内のとある循環器専門の病院にしばらく入院することとなった。

その病院はかつて華族だか貴族だかの持ち物だったとかで、内装は新しかったが外観は古く、日本庭園まで付いていた。隣は寺院で夕方と昼には、ぼーんと刻を告げる鐘の音が聞こえてきて、大変風情があったらしい。

そんな病院内で、祖父は何度かおそらく人ではない者を見たらしい。

しかもどれも夜ではなく、昼間だったそうだ。

レントゲンの撮影をするために病室から移動中、さっと着物姿の女性が通るのを見た。人ではありえない速さだった。

何かそういうのがいても不思議はない病院だなあと、怖さは感じなかった。一瞬だったけれど、高貴そうで綺麗な女だったなあという印象を抱いていたらしい。

また別の日にはスプーンをベッドの下に落としてしまった。

わざわざ看護師さんを呼ぶのも面倒だったので、ベッドから降り拾おうとすると、カーテンとベッドの間に剣玉を持った三歳くらいの和装の男の子がしゃがみ込んでいて、直ぐに消えたらしい。

祖父はなんとなく、その男の子が自分を見守ってくれているような気がして手術も療養中もおかげで不安に感じることがなかったそうだ。

うなぎ釣りの店できいた話

大阪市中央区にある日本橋のギャラリーで、怪談とイラストを使ったイベントを行った。イベント会場となったギャラリーの近くに「うなぎ釣り」という看板が掛かった店があって気になっていた。

うなぎを釣ると生きたまま持って帰るのか、それともその場で調理して食べさせてくれるのか、料金は幾らくらいなのか、疑問が沢山あって入ってみたかったのだが、一人では行きにくく、イベントでご一緒した作家さんに「うなぎ好きですか？　釣り行きません？」と誘ったが結局、色々と都合が合わなかったこともあり、イベントの会期中にうなぎ釣りの店に行くことは出来なかった。

だが後日、メールでSF作家の西島伝法《とりしまでんぽう》さんが、うなぎ釣りの店の情報を色々と教えてくれた。なんでも和歌山にあるうなぎ釣り屋の分家で、店主はうなぎを見るのも触るのも大嫌いな男だそうだ。

うなぎ嫌いのうなぎ釣り屋かあと、益々寝ても覚めても気になりだしたので、ある日一人でもいいやっと決心して行ってみることにした。

うなぎ釣りの店の中を覗き込むと、うなぎ嫌いだと聞いている噂の店主らしき男性が腕組をして座っていた。少し入りにくかったので、近くで一杯飲んでから向かおうと決め、適当な居酒屋に入った。

すると、その店が大当たりで何を飲んでも食べても、安くて美味くてついつい頼み過ぎてしまった。そのせいで、ほろ酔いではなく、べろべろになってからうなぎ屋に入った。

「こんばんはー」

木で作られた四角い生簀《いけす》の中でにょろにょろとうなぎたちが泳いでいる。

壁を見たら、竿千円と書いてあり、その隣に焼き代二百円の文字札が貼られていた。

酔った顔の私を見ても、店主は酔っ払いは出ていけなんて言わず、丁寧に店のシステムを説明してくれた。

「一回で釣れたら千二百円で蒲焼きが食べられるで。ビールは三百円、冷えてて美味しいよ。竿は好きなの選んでや」

細い竹に釣り糸と針を付けた竿が壁にずらりと掛かっている。

「釣るのにコツとかってありますか？」

「うなぎの鰓《えら》のところに釣り針を上手いこと引っかけてね、泳がせながら、外れんように加減して、うなぎを疲れさせてから、こうクイっと引き上げるようにしたら釣れるで。近くの定食屋や王将からご飯だけを買うか、コンビニのパックご飯をチンして持ってきてええよ。うちはご飯は持ち込み自由やからね。ご飯無しで焼き立てのうなぎをパクって食べても美味いでぇ」

うなぎ嫌いと聞いていた割にはよく語るなあと思いながら、竿を選び釣り竿を水面に落とした。

うねうねと動き回るうなぎを竿で追い、糸に引っかかってくれた。手にぐうっと力が入り、引き返す感触が楽しい。

「うなぎに合わせて動くんや、そんなに力入れたら切れるで」

「あっ」

店主の忠告に従ったつもりでいたのだけれど、あっけなく糸はぷっつんと切れてしまった。

それからもう千円払ったが結果は同じで、うなぎを釣り上げることは出来なかった。先客の釣り上げたうなぎを店主が捌いて焼いていて、美味そうなタレの匂いがそこら中にぷんぷんと漂っている。

結構飲み食いしてきたので、腹は膨れていた筈なのだが、その匂いが空腹を誘ったのか、急にうなぎが食べたくて仕方なくなってしまった。

口の中が甘辛いタレに絡んだ鰻を欲していて堪らない。

焼きあがったばかりのうなぎをはふはふと食べながら、ビールを飲んでいるおっさんを見ながら、このままうなぎが釣れなかったら、落語の演目みたいにタレの匂いだけでご飯をかっこんでやろうかと思っていたところ、調理場から出て来た店主がこう言った。

「釣るん手伝ったろうか？　うなぎってスタミナあるから結構釣るんに時間かかるで。こないだ来た子なんか一時間半程格闘しとった」

ではお願いしますと伝えたところ、私の苦戦が嘘のようなほどあっけなく、ものの数秒でうなぎは釣り上げられてしまった。

「凄い！」

声が出ると店主は照れ臭そうに微笑み、手際よくうなぎを捌いて焼くために調理場へと戻って行った。

じりじりと焼く時間が長く感じる。

体の中に残った酔いの感覚を味わいながら、うなぎが焼けるのを待っていると、ビールを手にしたおっちゃんに話しかけられた。

「兄ちゃん、この辺りの人？」

私は声が低くて化粧もせず、服装もジーンズとトレーナーだからかよく性別を間違えられる。

「いいえ、違います。おっちゃんはこの近くですか？」

「わしは熊取《くまとり》から来てん。すごいやろ。日本橋にな、たまに買い物に来るねんけど、この店ははじめてや」

「熊取って空港に行く途中に通ったことあります。雨山《あめやま》とかいう場所があるんですよね？　どんな土地かよく知らないんですが、熊取って何がありますか？」

「わしみたいな男前がおる。あとなあ、自殺で知られた事件があるで。知り合いがな、熊取であった自殺の連鎖を調べとって、何か大きな陰謀論を感じるねんって、事件を調べてとってな。新聞記事も切り取って、大きなスクラップブック作っててん。何でも一途ではまりこむと、とことんいくタイプの奴やったからね。知っとる？　熊取の自殺の連鎖事件。七人の若者が二キロメートル狭い範囲でな、一週間おきに不自然な自殺してん。しかも全員遺書はなしで、自殺は決まって水曜日か木曜日。

他にも誘拐事件とか不可解なことがようさんあの辺りあってな、わしも影響受けてちょっと地元の事件メモしてんねん。例えばさっき言うた自殺の話やけど、少し詳しく言うとな、最初十七歳の子が熊取町の貯め池に浮いとって、遺体で発見されてん。で、なんでか警察は自殺と認定したんやて、事故やったかも知れんのに。

そっから一週間後に、同い年の若い男がシンナー吸引による心不全で死亡して、そんでまた翌週に、タマネギ小屋っていうタマネギを乾かして保管する小屋知ってる？　そん中で首吊り自殺した青年が見つかってん。これで合わせて自殺者が三人。しかも首吊り自殺した遺体は身を強張らせとったみたいでな、誰かが死後吊らせたように見えたらしいわ。

翌週には、十八歳の男が、かつて住んでいた家の納屋で首吊り自殺したんや。でもその男は翌週に結婚予定で、婚約者は妊娠中。周りの連中は、あいつは自殺なんかする奴やないと口々に言うとったそうや。

そいでまた一週間ほどしてから、また十八歳の男が小屋の中で首つり自殺で見つかってな、これがおかしなことに、自殺やのにテープで手首が後ろ手に縛られとった。どないして首吊ったんやろな、手が後ろに縛られとったら普通無理やろ？

その翌週に、今度は森の中の柿の木で首吊り自殺した二十二歳の男が見つかって、しかも亡くなった男の身長では絶対に届かへん場所の枝に、タオルをかけて首吊っとったらしい。これはおかしいと周りの人らが言っても警察は聞く耳持たんで、その柿の木も誰かがすぐに切り倒してしまったらしいわ。最後の連鎖自殺者は十九歳の女性で、胸を果物ナイフで刺して全身血まみれになりながらの自殺。「違う……違う……」という言葉を残して、回りに助けを求めるように手を伸ばしたまま亡くなったらしい。

この話教えてくれた知り合いやねんけどな、今年の夏になんでか自転車に事件のスクラップブック乗せてそのまま行方不明になってもうてん。

最後に会ったんが、わしでな。「おまえどこ行くんや」って聞いたら「コンビニにコピー取りに行くー」って。

そっから誰も会うてないし、見てもない。コンビニ行くって聞いてたから、警察署の人らが近所のコンビニの防犯カメラを随分調べたみたいやけど足取りつかめへんかったらしい。丁度最後に見たんが水曜日やったから、もしかしてと思ったんやけどね。家族から聞いたんやけど、携帯電話も銀行口座もあの日から使用歴も全くないんやて。なあ、どう思う？　わしの話聞いて」

私は曖昧な表情を浮かべながら、釣り堀の中をうねうねと泳ぐ黒いうなぎたちを眺めていた。なんとなく、関わってしまってはいけない話題だと肌で感じてしまったからだ。その後、おっちゃんに何故か「あんた自殺しそうな顔やなあ」と言われ、どうでもいい話を交わした後、うなぎ屋を後にした。

今のところ私がそういう死に方を選ぶ予定はない。そして肝心のうなぎの味なのだが、確かに食べた記憶があるのだが聞いた話の影響のせいかよく覚えていない。

なんとなく悔しいので、また行って今度こそ自分で釣ってしっかりと味わってやろうと思っている。

瓦斯マスクの猿

初めて小学校の遠足で行った場所は、天王寺動物園だった。

薄暗い地下鉄の駅で降り、チカチカと点滅する蛍光灯の光を受けたタイルの動物を見ながら階段を上がって改札を出ると薄暗いトンネルがあり、ギターの弾き語りや、青空カラオケの音が漏れ聞こえていた。

何となく異世界のような雰囲気にぎょっとしながら、皆が黙ったまま二列になって歩き、やがて剥げたペンキの目立つゲートについた。

オットセイの鳴き声と、澱んだ水とむわっと漂う動物のフンのにおい。

白雪姫と七人の小人が出て来る時計台が、時間を告げている。

あちこちの檻に入った動物を眺めていると、先生が急にここで止まるようにと笛をビーッと吹いて皆に呼び掛けた。見ると、不気味な二匹の猿の銅像があった。そこで何か話を聞いた筈なのだが、思い出せない。

それから三十年くらいが経ち、天王寺界隈は随分昔と比べて変わってしまった。青空カラオケは見なくなったし、動物園前もお洒落《しゃれ》なカフェやフットサルコートがあるし暗いイメージは全くない。夜はイルミネーションの光があふれ、カップルが幸せそうに手を繋いで歩いている。

私の記憶の中にある、あの場末感漂う天王寺はもうどこにも無いのだろうか。

そんなことをぼけーっと思いながら待っていると「怖い話があるんです」とツイッターで連絡をくれた角谷さんがやって来た。

待ち合わせ時間から四十分も遅れて来たので、色々と言いたいことはあったけれどそこをぐっとこらえて、近くのファミリーレストランで取材を行った。

「中学まで夕陽丘のマンションに住んでいて、親戚が集まる時に、今覚えばどうしてラブホ街のドン突きなのに、そこを利用していたのか分からないんですが、茶臼山《ちゃうすやま》の料亭でよくご飯を食べていました。お昼から夕方くらいの利用が多くって、子供は食事を終えた後には、料亭の近くの、池のある公園で散歩をするのが決まり事みたいになっていました。幾つの時だったかはちょっと詳しく覚えてないんですが、ある年の親戚の集まりで、雨が降っていたから私と従弟《いとこ》の子の二人だけで庭を探検しようってことになったんです。池にぽつぽつ出来る雨垂れの波紋が輪みたいに重なっているのを二人で見ていたんですけど、直ぐ飽きてしまって。

でも料亭に戻っても大人たちは酔っぱらっているか、難しい話をしているのを知っていたから、遊びを二人で考えていたら、落ちている笹を見つけたので笹を使って船を折って、浮かべて遊ぶことにしました。でも従弟が、落ちてる笹だと汚れてて汚いから、そこの生えてるやつから大きいの採ろうよって提案し出して、私はお庭の物を勝手に採ってもいいのかなって思っていたんですが、言えなくて、従弟と一緒に笹薮に入りました。そしたらそこに、瓦斯《ガス》マスクをしたお猿さんがいたんです。

最初はお猿さんって分からなかったんですが、瓦斯マスクを外して歯を剥いてニッて笑った顔見せたから。お猿さんだって分かって。あ！これ、近くの動物園から逃げたんだっ！　絶対そうや、そんな事を大声で叫びながら、お父さんとお母さんの所に従弟と戻ったんです。そうしたら、変な嘘はつかんといてって注意されてしまって。従弟と何度も本当だって言っても、全く信じてくれないし、そんなことがあればニュースになる筈だぞって言われて反論も出来なくて。悲しくて布団の中で泣いてしまいました。その夜日記にも腑に落ちない気持ちがあったから書いて、記録しておいたんです。だから今も覚えていて……。

その年だったか、翌年だったか、もっと後だったかこれも分からないんですが、お母さんと一緒に動物園に行ったんです。そうしたら銅像があって――猿の銅像知ってます？」

私も丁度今朝、猿の銅像を思い出していたことを伝えると、角谷さんは凄い偶然ですねと微笑んだ。

「見た瞬間、あの前に笹薮で見たお猿さんだってわかったんです。あのお猿さんの銅像、二匹いるでしょ。私調べたんですけど、伏し目がちにワンピースを着て座っている方がリタで、隣に立って半被《はっぴ》姿でリタに手を置いて立ってるのがロイドって名前のお猿さんなんです。二匹ともとっても賢かったみたいですよ。リタやロイドはナイフとフォークで食事をしたり、歯磨きしたり、パイプやハモニカを吹いたりして見せたらしいんです。自転車や竹馬も得意で園内を走り回って子供と遊んだこともあったみたいですよ。

でも、戦時中に戦意高揚の宣伝を理由に、軍服を着て小銃を持たされたりしていたみたいなんです。それだけじゃなくって、瓦斯マスクを着ける訓練もしていたみたいで……。だから、あの時見たお猿さんは、リタかロイドだと思うんです。だって、普通のお猿さんは瓦斯マスクなんて着けたことないと思うし、なんか他の動物園で見たお猿さんより悲しそうで、賢そうなお顔だった気がしたから。どうして動物園の中じゃなくって茶臼山の笹薮にいたか分からないんですが、なんだか可哀想だなって……だから今日このお話する前に瓦斯マスクのお猿さんを見た場所で手を合わせてからここに来たんですよ」

「そうだったんですか」

取材後、少し湿っぽい気持ちになっていたせいもあって、そのままジャンジャン横丁に行き、飲み屋に入った。ハイボールを飲むうちに酔いが回りはじめ、客が私を含めて店の中には三人しかいなかったのと、少し誰かと喋りたい気持ちだったので、女将さんに話しかけてみた。最初はあべのハルカス周りの開発やら、串カツ屋が新世界に多すぎないかというような話題だったのだが、いつの間にか私はさっき聞いた瓦斯マスクをした猿の話をしていた。すると、女将さんがこんな話をしてくれた。

「今日はおらんけどね、うちのお父さんが店のビールケース出して、裏んとこ積んどったら、足元からダースベイダーの呼吸音みたいなコホーって音聞こえて来て、なんやあ？　って見たら小さな子供が蹲《うずくま》っててんて。ここ危ないからどいときって注意してから、その子供を見てみたら、毛むくじゃらのお化けやったって。これ、もしかしたらあんたの言うてる瓦斯マスク被った猿やったん違うかな？　あの銅像なんなんやろって天王寺動物園で見るたびに思ってたんやけど、そんな悲しいお話があったんやねえ」

ラジオからは昭和歌謡が流れている。

女将は鼻から紫煙を出しながら、目の前の空いているジョッキをカウンター越しにひょいと取り、次に何を飲むか私に聞いた。

時代は令和だが、この辺りの空気は私が子供の頃からあまり変わっていないのかも知れない。

瓦斯マスクを被った猿は、何を思ってこの界隈を彷徨《さまよ》っているのかは分からない。

後日私も調べてみたのだが、リタはロイドの子を妊娠していたのだが、死産しその後体調を崩し亡くなってしまった。

ロイドはリタ亡き後もたった一匹で芸に励み、多くの見物客を喜ばせたそうだ。

人間でもあそこまでは無理だと言われるほどの芸達者な猿《チンパンジー》だったらしいので、今も誰かに見せるためにもしかしたら瓦斯マスクを被って人前に出続けているのかも知れない。

鬼

父の友人の渡辺さんは鼻筋の辺りに古い傷がある。

二人は京都市内の左京区にある同じ大学に通っていたそうだ。

「この傷やねんけどな、吉田神社の境内を歩いていたら、ひょいと背中から何かに摘まれて体が浮き上がって、顔から落ちてついた傷なんだよ。吉田神社には鬼が住むっていうから、多分鬼にやられたんやと思う。

俺が美男子だから、きっと鬼に嫉妬されたんやろうね。君のお父さんには、転んだのにかっこつけたんやろって言われたけど、本当に違うから。

だから息子が今吉田神社の近くに下宿して、大学に通っているけどね、どんな用事があったとしても吉田神社の方には入って行くなって言ってます。だって顔立ちが俺とよう似ているからね」

プール地蔵

元田中《もとたなか》のたこ焼き屋であった怪談イベントが終了した後、隣に座っていた人からこんな話を聞いた。

「今日実は披露しようと思って集めた怪談があるんですけど、なんか皆聞いてると思ったら急に恥ずかしくってイベント中、何も言えなかったんです。でも、このまま誰にも怪談を披露せんまま帰るのも残念なんで、ちょっと聞いて下さい。あの、プール地蔵って知ってます?

京都市内の小学校の話なんですけどね、プール開きの日、水に潜って遊んでいた男子生徒が排水溝の流れに引き込まれて、頭を怪我して亡くなってしまったんです。

そのプールは事故が多くて、他の生徒にも事故調査員が調査を行ったところ、水流に引っ張られて足が浮くようなこともあったみたいで、これは欠陥工事の影響ちゃうかってことで、改修工事をすることになったんです。

そして工事関係者がコンクリートを剥がしたら、なんでかそこから頭の部分が欠けたお地蔵さんが出てきたんです。学校の先生たちも工事の人たちも何か思うことがあったんか、改修工事が終わって無事プール再開となった年に、プール脇にお堂を作ってお地蔵さんをお祀りすることにしたんです。

その小学校では、毎年お地蔵さんに手を合わせて安全祈願してからプールに入るのが習慣になって、そのことが地方紙でも取材されて記事になり、近所でも知られるようになって。いつの間にかプール地蔵って呼ばれるようになったんです。

小学校も工事のおかげかプール地蔵のご加護か、水の事故は一件も起こらんようになったんです。プール地蔵は小学校の外のプールでもご加護があるって話があって、その小学校の子が通ってたスイミングスクールで足が攣った時、水をがぶって飲んでパニックになったんやけど、足の裏に地蔵さんの頭みたいなのがぐっと押すのを感じて、気持ちもすぅっと落ち着いて、プールの縁まで手でばしゃばしゃ水をかいてたどり着いたらしいです。

でも、その小学校、少子化が進んで近隣の学校と統合になって、プールを使わないようになったんです。そしたらお堂にあったプール地蔵がいつのまにか無くなったらしくて、誰かが盗むような物じゃないから、どこか別の場所でまた水難事故が起こらんように見守ってるんかなあって話なんです」

後日、プール地蔵について調べたところ、少し聞いた話と詳細は違ったが大まかには本当にあった出来事だということが分かった。

現在その小学校は廃校になっていて、お地蔵さんは盗まれたわけではなく別の場所に祀られているようだった。

タクシードライバーから聞いた話

　手術して退院してから体力がめっきり落ちたのと、ここ最近の夏の暑さはおかしいので、熱中症で倒れないようにということでタクシーでの移動が増えた。

　タクシー代の出費は痛いが、車を持っていないし、電車でもバスでも行きづらい場所に定期的に行かないといけない理由があるので、仕方がないと諦めることにした。

　タクシーに乗ると「怖い話ないですか？」と聞くことが多いのだが、結構これが不倫だとか、後ろの席で薬をやりはじめたとか、手首を切りだしたとか、所謂《いわゆる》不思議な話や怪談でなく、純粋に人間が怖いという話が多い。

　先週乗ったタクシーで聞いた話は、後部座席に座っていた女性のお客さんがいきなり服を脱ぎ始めて、ぼろんと乳房が見えた。着替えでもするのだと思い、なるべくミラーでもそっちを見ないようにしながら目的地まで運転していると、女性が後ろから裸の上半身を乗り出して、ブラジャーでギリギリと首を絞められて怖かったということだった。

変な客に怖い目に遭った話は色々とあるんだろうけれど、今回はそういうのは無しにしようと思う。

「ぽんぽん山の麓にね、昔、蛇使いが住んでたんですよ」

深夜、大阪府寝屋川《ねやがわ》市の香里園《こうりえん》の郊外で拾ったタクシーの運転手が、唐突にそんなことを言いだした。

「蛇使いですか、あの壺から蛇が出てきて、笛の音色でくねくねする奴ですよね。いつごろの話ですか？」

「そういうのとちゃうちゃう。おまじないに蛇を使う、蛇使い。蛇を捕まえて、蛇使いのところに持ってくとね、買い取ってくれたもんやから、みんな競って蛇を捕っとったよ。恋愛成就用のおまじない蛇とか、金運上昇用のおまじない蛇はこいつや、とか色々と何に使うのか買い取り中に教えてくれて、それを聞くのも楽しみでね。

おまじないの中でも蛇使いは呪いをかける用の蛇は特に高く買ってくれまして、どういう基準なんか分からなかったけど、四十年前くらいの話やけど一匹五十円から八十円くらいやったかな。だいたいそれくらいが値段の相場やったんやけど、一回だけカナへビを捕まえて三千円やる言われた時は仰天しましたわ。　当時、子供に三千円っていったら相当でしょ。なんか怖くなってね、おっちゃん、お金こんなに要らんって返したんです。そしたら〝さよかあ〟ってお金受け取ってね、鞄から長い三つ編みの髪の毛取り出して、売ったカナヘビをぴしゃあん！　って地面に鞭みたいに打って、気絶させてから巻きつけてね、ぶつぶつなんか唱えだしたんです。

僕は、好奇心旺盛やったから、おっちゃん、蛇と髪の毛どんな呪いに使うん？　って質問したら、憎い奴を呪うてくれえって依頼やから、呪いの準備してんねんってって、答えてね。呪われた人はどないなるん？　って聞いたら〝目が見えないようになる。でも、それには五年とか八年とかかかるで、これ以上詳しく聞くと坊主も呪い貰うで〟って。

そこで怖くなって駆けて逃げてね、そんな話を聞いたせいか、それ以来近眼で、牛乳瓶の底みたいな眼鏡をずうっとしていたんです。今は老眼やからレンズ、そんなに厚ないけどね。

蛇使いの人はある日、脳に蛇の毒が回ったたって噂やってんけど、頭が変になって亡くなってね、あれはもしかしたら呪いが返って来た報いとかやったんかも知れないって最近思たりするんです」

この話を聞いてから私の視界がぼやけることが増え、眼鏡のレンズを何度か変えた。近眼が進んだからなのか、この話を聞いて呪いを貰ったからかどうかは分からない。

ヨジババの謎

ヨジババという妖怪がいる。

噂によると、四時になると四差路に出現するとかいう老婆の妖怪らしい。

私が通っていた京田辺の小学校でも、ヨジババの噂はあって、怖がっている人はいた。人面犬やテケテケよりは身近で、リアリティを感じる存在だったのを覚えている。京都市内に住む、芥川賞作家のFさんもヨジババの話を聞いたと、エッセイ集の中に書いていた。

数年前、某新聞社の方からヨジババの起源が、城陽の水分神社らしいと聞いた。幾つかバリエーションがあるらしいが、水分神社の近くで聞いたヨジババの話はこうだ。

水度神社の境内の屋根のある場所に、子供を抱えた老婆の姿が描かれた絵馬が飾られている。子供の表情は老婆の腕に隠れていてよく分からない。

この絵馬の中の人物こそ、子供をさらうヨジババで、夜な夜な絵馬から抜け出しては、子供をさらって食っていた。その後、子供を救ってくれと親から嘆願された猟師が、絵馬のヨジババを退治しようと鉄砲で絵馬を撃ったのだが、鉛玉は全てヨジババの体から逸れてしまった。

その証拠に絵馬には鉄砲玉が当たったといわれる丸い穴が幾つも開いていて、今も夜更かししている子供をさらっては、絵の中に連れて行ってしまうそうだ。


だが実際、神社の方に話を聞いたところ、絵馬の中の人物はヨジババでなく金太郎の母親で、江戸時代の人が子供の成長祈願で奉納した物らしい。

絵馬に空いた丸い穴も虫食いで、鉄砲で撃たれた痕ではないそうだ。

ただ、近くの四辻には夜叉《やしゃ》が出たという伝承があり、夜叉の顔が浮き出た人面樹が神社の参道にある。

夜叉は実在した人物といわれ、近くには墓もある。その夜叉の伝説と絵馬が合体して、ヨジババの怪談は生み出されたのではないだろうかということだった。

去年の夏、京都府の木津川《きづがわ》市で怪談会を開いた時にもヨジババの話を聞いたので、城陽だけでなくかなり広域に広がった噂のようだ。

その時に聞いたのは、午前四時に鏡を見ると、ヨジババが出てきて四次元の世界に引きずりこまれてしまうという内容で、特に四歳や十四歳というように、年齢に四がつく子供は危ないという話だった。

ヨジババの伝説はまだまだ広がっていきそうだ。

洞ヶ峠

警備員のアルバイトをしていた中友さんから聞いた話。

昔、中友さんは甲子園近くにあるスーパーの警備員として勤務していた。

夜勤の間は交代でモニターを見るくらいしか仕事がなく、当時はかなりゆるい職場で警備員仲間とは、夜勤中は麻雀に明け暮れていたらしい。

夏のある日、いつものように職場の仲間と麻雀卓を囲んでいると、一人がこんなことを言いだした。

「俺な、免許合宿の時に聞いてんけど、洞ヶ峠《ほらがとうげ》にはえぐい幽霊が出るらしいで」

その話を切っ掛けに麻雀卓周りの皆が騒ぎだし、その幽霊とやらを車を出して見に行こうということになった。

「洞ヶ峠ってどこや?」

「京都府南部の八幡《やわた》の方やろ。で、どんな幽霊出るん?」

「えぐいって話しか聞いてないんで、知らん」

「洞ヶ峠を決め込む、の故事の由来になった場所やんな？」

「それって何ですか？」

「織田信長が亡き後に、京都での羽柴秀吉と明智光秀の対陣を、洞ヶ峠から筒井順慶が見て、有利な方に加担したという話や。それから日和見《ひよりみ》のことを、洞ヶ峠を決め込むっていう故事が出来たんや。そこ、いっぺん行ってみたいし、幽霊も見てみたいから車で夜にみんなで行ったろや」

　向かってみたものの、洞ヶ峠も戦国時代とは違って道は明るく、車はびゅんびゅんと飛び交っている。「どこにえぐい幽霊おんねん」と一人が怒り出したが「そんなちょっとやそっとで出てくるわけないでしょう」となり、峠の茶屋近くで明け方まで交代で幽霊の出待ちをすることに決めた。峠の茶屋の隣は園芸店とレストランが合体したような謎の看板があり、潰れているのか、ガラクタが積まれていた。そこで煙草を吸いながら、車の外で道路を見たり、その周辺を歩いてみたのだが残念ながら、それらしきものを見ることは出来なかった。まだ明け方まで時間はあったが「なあんやデマやったんや、あほらし」と皆が帰ってしまった。でも、中友さんだけは諦めきれず一人残り、辺りの暗がりをうろうろと一人で歩いていた。峠の茶屋のある車線の反対側は竹藪で人通りがなく、もしかしたらそこなら何か見えるかもと思ったからだ。

警備員の仕事をしているせいか、人の気配の無い場所や暗がりは苦手でない。中友さんは怖いと感じることもなく、サンタクロースを待つ子供のような気持ちで、わくわくしながら幽霊を待ち続けた。藪の中は不法投棄されたゴミや積もった笹の葉で足場は悪いので、奥には入らず藪の入り口付近や沿道をただぶらぶらと歩いた。空を見上げると星が潤んで輝いている。

たまに、ぶるるるるんとオートバイのエンジンの音が聞こえ、田舎はどこでも暴走族がいるのだなと思いながら、変なことに気が付いた。振り返ると、ざわざわと竹藪がしなるほど揺れていた。風は殆ど無いのに、だ。なんだ？　と思いながら竹藪を凝視していると、奥の方に白いボールのような物がちらちらと見え隠れしていた。

幽霊見物用にと、ズボンの後ろポケットに入れていた懐中電灯を取り出して竹藪の中をを照らすと、青白い落ち武者の顔だけが浮いていた。

「うわ、マジか！　凄い！」

懐中電灯を置いて、携帯電話で既に車で帰ってしまった、仕事仲間に幽霊を視たと伝えるために電話番号を打とうとしたが、指先が震えて上手くかけられなかった。と、反対車線の茶屋の前の通りで、急にバーンっと大きな音がして車二台が衝突した。あれを見て、気を取られたんだろうか。眩暈がして、幽霊を見たことよりも事故現場を目撃したショックで、中友さんはその場にしゃがみこんだ。

それからどれくらいそうしていたか分からないが、明け方近くに車に乗って家に帰り、メールで昨日見たものについて同僚に伝えた。

それから何度も洞ヶ峠に行ったが、再び幽霊を見ることは出来なかったそうだ。

私も自動車学校に通っている間、洞ヶ峠に関する噂は幾つか聞いた。

「あそこ真っ直ぐな道やのに無茶苦茶事故多いやん。バイクで走ってたら、甲冑姿の人が、ヘルメットの視界の隅にチラチラ入りながら闇の中追って来たとか聞くよ。あそこ走る時には気をつけや」といった類のものだ。

当時、京田辺に住んでいたので、免許取得後、車で洞ヶ峠はよく通った。幸いなことに私は幽霊を見なかったが、事故はよく目撃した。

今はその竹藪は刈り取られて無くなっている。

占いの町

札幌から来た親戚に「大阪と言えば占いですね」と聞かれた。

私の中では占い＝大阪という認識はなかったので、理由を聞いてみると「大阪には有名な占いの場所があるでしょう。ほら、神社かお寺の近くで……」ということだった。

私は神社の近くで占いで知られている場所ということで「もしかして石切ですか？」と聞くと「違うの、もっとほら、ＵＦＯで占いしているところよ」という答えが返って来た。

ＵＦＯで占い？　それは何だ？　どこだ？　聞いたことがないぞと思いながら早速、手持ちので携帯電話で幾つかの単語を入力して検索してみたところ「福島《ふくしま》聖天《しょうてん》通商店街」という場所がヒットした。画像を見ると、入口に黄色いＵＦＯの形の大きな飾りのついたゲートがあり、そこには「ＦＵＫＵＳＨＩＭＡ」と書かれていて「うららちゃん」という占い師をイメージしたキャラクターが印刷された垂れ幕が下がっていた。

大阪の福島では「売れても占い商店街」と呼ばれているらしい。

福島聖天通商店街は、福島聖天了徳院《りょうとくいん》への参拝道として以前は大変賑わっていたのだけれど、だんだん寂《さび》れて来たので「占い」をテーマに町おこしを行い、現在徐々に商店街は盛り上がりを見せているということだった。

ホームページの情報によると、商店街では月に一度第四金曜日に「売れても売れても占いデー」を開催していて、その日は占い師約三十名がずらっと商店街の通り一帯に出店しているようだ。

当日の占い料金は千円ということなので、占いの相場を実はよく知らないのだけれどそれほど高額ではないので良心的な価格のように思えた。

関西に住んでもう二十年以上になるのだけれど、占いをコンセプトにしている商店街があるなんて知らなかった。何故ＵＦＯなのか、占いで町おこしをしようということになったのかは、ホームページを見てもよく分からなかったので、親戚と別れた後、一旦家に戻ってから「福島聖天通商店街」に向かうことに決めた。

福島の駅から出て近くの喫茶店に入り、珈琲を運んできたおっちゃんにＵＦＯと占いの謎について聞いてみると、こんな答えが返って来た。

「あー、あのＵＦＯは洒落やねん。遊歩（ぶらぶら歩くこと）とかけとってね、商店街にには遊歩客がかかせんってことで、ＵＦＯゲートを作ったわけやわ。で、占いについてはね、昔、女装して夏祭りの時に受け狙いで占いしはった人がおってね、それが大当たりしたんや。その時のことは知らんけど、話に聞いたところによると、トイレも食事もせんでずっと占いし通しでも客が引けんで、終電近くまで占いっぱなしやったらしいわ。それでね、これはいけるって思ったんと、ここの商店街の場所が易相の大家・水野南北《みずのなんぼく》の縁《ゆかり》の場所やと分かったんが町おこしに占いが使われるようになった切っ掛けやね。あんさん、南北って知ってる？」

マシンガンのように喋り続ける店主に、私は知らないことを伝えた。

「南北は江戸時代の大占い師でな。この辺りに昔おったらしい。南北は盗みを働いた罪で牢屋に入れられて、その牢内で囚人の人相を見て人の運命と顔には関連があることを知ってな。それから仙人に出会ったり出家しようとしたり、さまざまな災難を切り抜けながら観相の研究をして、自分の運命や寿命すら変えてしまったそうや。弟子がようけおって三千人くらいおったらしい。占い師さんもここいらにようけいるけど、商店街が関係してやっているのは外に商店街直営って占いの看板出てるとこだけやで。そや、スケジュール表ある筈やから持って行き」

私は店主にお礼を言って、在籍占い師のスケジュールが印刷された用紙を貰い、珈琲の代金を払って外に出た。そして目についた占いの店に入ってみた。

中に入ると七十歳前後の女性が、事務机に座ってメモ用紙にぐちゃぐちゃとした線を描いていた。

「いらっしゃい、何を占って欲しい？」

私は以前、とあるルポタージュ漫画の中で、占い師は普段他人の話を聞いてばかりいるので、自分の話を聞かれると喜ぶと書いてあったことを思い出した。

「あの、占い師のお仕事について、占って貰う前に聞いてもいいですか？」

「ええけど、占い師になりたいん？　私は誰かに占いの仕方教えたりせんけど」

「いや、そういうのじゃなくって、どういう方法で占いをするのかと純粋に知りたかっただけなんです。それと、なんで占い師になったのかってことと、悪い占い結果はお客さんにどう伝えるのかとか、一度占い師の人に実際に聞いてみたかったんです」

「なんやそれ？　占い方法やけどね、私の場合は観相学やから、人の顔見て占いするよ。

昔ね、酷い男になんべんも騙されてねえ、どうやったら騙されへんのやろうって悩んでた時に、人相学のこと知って勉強しはじめたのが占い師になった切っ掛け。悪い結果はお客さんにはよう報せへん。たまにね、死相が出ている人が来て、あっ、この人アカンとか、悪い事が起こるって分かってもね、当たるかどうか分からんし、不安がらせてもしゃあないでしょ。過去にね、その人の死んだ時の死に場所や死に様がくっきりテレビの画面みたいに頭に浮かんで見えたことあるけど、言われへんかった。あなたも嫌でしょう。例えば機械に挟まれて、ぐちゃぐちゃになって死にますって言われたら、どう思います？　だいたい占いに来る人はそんな重たいこと言われると覚悟してへんからね」

「あの、私、どんなこと言われても平気なんで、顔見て分かったことがあったら正直に言っていただけますか？」

「えーっと」

そこから占って貰った内容は、割とキツイものだった。公開すると個人情報が色々バレる内容なので、占ってもらった結果についてはここでは触れない。

とりあえず今年は健康に留意しようと思っている。

鴉の恩返し

私は髪の毛が伸びるのが早いので、頻繁に美容院に切りに行く。

新しくオープンした美容院があると、何となく気になって入ってしまう。

先日、髪を切りに初めて行った店の美容師さんが、唐突にこんなことを言いだした。

「わたし、鴉から恩返しされたいんですよ。頭いいっていうし、光物好きっていうでしょ。知ってます？　鴉ってペットフード食べるんですよ。ヤキトリも好きで、ささみ干したのも大好物ですね。鴉を肩に乗っけたら、無茶苦茶カッコいいなと思って、肩に鶏肉乗せて鴉呼んだことあるんですよ。でも、上手くいかなくって、嘴《くちばし》で肉だけ取られてアホーって鳴かれて飛び去られたんですよ。めっちゃ悔しかった」

「鴉好きなんですか？」

「凄い好きですよ。鴉のタトゥー入れたいくらい。私の夢って鴉から恩返しで光り物を貰うことなんですよ。出来たらピアスがいいなあって、絶対他人に自慢出来るし。見て、うちのピアス鴉の恩返しでもろてん！　って」

「ピアス単品で拾って持ってくる可能性は、低いんじゃないですか？　うちのマンションから、巣作りに使うのか、針金のハンガーがよく持ち去られてますよ。針金の巣を鴉からかっぱらってアクセサリーにするとかじゃ駄目ですかね？」

そう私が言うと、美容院さんは分かってないなあという表情をして、前髪横辺りの髪を切った。

「そんなことしたら鴉から絶対に恨まれますよ。鴉は人の顔覚えてますから」

それからひと月後、前髪が顔を覆うほどの長さに伸びてしまったので、前回行ったのと同じ美容室に行った。

すると、今回も鴉の恩返しを望む美容師さんが私の担当だった。

「前も担当は私でしたよね」

「覚えてますよ。鴉はあれからどうなりました？　ピアス貰えました？」

「ピアスは貰ってないですが、ちょっとトンデモナイものをお返しに鴉から貰いましたよ。うちね、鴉に名前を付けたんですよ。春日《かすが》って」

「なんで春日なんですか?」

「春日って顔してたから。その春日がね、こないだ小人の死体を咥えて、私の肩に止まってくれたんですよ。いやあ、小人は予想してなかったんで驚いちゃって。大阪市内に小人いるんですねえ」

「ええ? その小人どうしたんです?」

「折角の贈り物だから大切に保管してたんですが、どろどろに溶けて崩れてしまったんですよ。小人って溶けますよ、知ってました?」

「いや、全く知らなかったです」

「じゃシャンプー台に移動しますね、後は切った後の細かい髪の毛を流してから乾かして、今日は終了なんで」


私は髪が伸び次第、またここの美容院に来ようと思っている。

昔住んでいた家

大阪市内の住吉区にある遠里小野《おりおの》に、小学校の頃に住んでいた。

家から歩いて直ぐの場所に、白い薔薇に囲まれた廃屋があって、ポプリにしようと小さい子達がよく、綺麗に咲いた薔薇の花びらを勝手に毟《むし》ってとっていた。

薔薇の花は毎年尋常じゃない数が咲き誇り、花の合間に家が見えるといった有様だった。そんな廃屋の薔薇の間から、赤い口紅を持った手がにゅっと出てきて「お化粧いかが？」と勧めるという噂があり、口紅を受け取って塗った女の子は不幸になるとか、薔薇の花を口一杯に詰め込まれて、窒息死してしまうという話だった。

当時はこの噂が広まった頃、本気で怖がっている子が多くいて、花びらを毟っている最中に、にゅっと真っ赤な口紅を持った手が出てこないかとハラハラしていたものだった。

そんな思いをしながら薔薇の花を、近所に住む多くの小学生が毟っていた。そして、当然と言えば当然なのだが、小学校の朝礼で、よその家で咲いている花を摘まないよう

に と先生から通達があり、皆パタっと採らなくなった。

「残念だねー、花びら絞って香水作りたかったのに」

「私はポプリで枕作ってみたかった」

そんな会話をしながら、咲く花を摘めなくなったことを自分の庭でも花でも無かったのに勝手に残念がっていた。

ある日クラスメートが、折れた赤鉛筆と口紅を薔薇の廃屋で拾ったことを教室で自慢していた。

そして、私は数名に押さえつけられて、ぐりぐりと無理やり口紅と赤鉛筆で化粧を施された。他にもターゲットにされた子がいたと思うが、あまり良い記憶でないので、思い出すと胃の辺りがぐうっと重くなる。

赤い口紅の噂を知っていたことと、乱暴に押し付けられて鉛筆で皮膚を擦られた痛みや悔しさもあって、周りの子に私は半泣きで「やめてよ」と叫んだが、無理やり化粧を施した当人たちは「いいやん別に」と笑い取り合ってもくれず、残りの口紅と鉛筆をポケットに無理やりねじこまれてしまっただけだった。

無理やり施された化粧を落とすために、口の端や頬をごしごしと濡らしたハンカチで擦りながら家に帰ると、両親はおらず田舎から出てきた祖母がいた。

祖母の横には銀色の檻が置かれていて、中にはリスがいた。

たまに祖母は家で飼いきれなくなったペットを持ってくることがあった。

過去、猿を飼っていたことがあり一時預かったこともある。

祖母は私がリスを喜ぶと思っていたようで、ひまわりの種を渡して丁寧に世話するように伝え、晩御飯の準備をするために台所に向かった。

両親の帰りが今日は遅いのだなと思いながら、ひまわりの種を檻の隙間から入れるとリスは両手で器用に受け取って、カリカリと皮を割って白い中身を食べた。

ポケットの中にひまわりの種を入れると、指先に無理やりクラスメイトに入れられた赤鉛筆と口紅が当たった。

無理やり化粧された記憶が蘇り、嫌な気持ちになってしまったので、私はポケットの中身を出して投げ捨てた。

すると、台所から戻って来た祖母が、畳の上から口紅と赤鉛筆を拾い上げ、私は怒られてしまった。

「床や畳が汚れたらどうすんの。ほんまあかん子やなあ」

祖母は拾い上げた口紅の赤が指先についているのを確認すると、上唇にちょんっと触れて塗った。赤鉛筆は私のペン立てに直され、再び祖母は台所の方に消えてしまった。何をしても面白くない気持ちになり、そこでリスへのひまわりの種やりも止めた。リスはカリカリカリカリと、銀色の檻の中で種を齧り続けていた。


翌日、祖母の顔を見て私はびっくりした。上唇の一部が腫れ上がっていたからだ。

「おばあちゃんどうしたん？」

「あんた、ちゃんと檻の鍵せえへんかったやろ。リスが逃げてここで寝ている間に噛んだんや。逃げたリスを探してるけど、まだ見つかってへん」

祖母が昨日拾った口紅を、ちょんっと塗った場所と同じ所をリスは噛んでいた。

「それと檻見てみ、なんでこんなことしたん？」

銀色のリスの入った檻自体が口紅を塗りたくられて、赤くまだらになっていた。

「私やってへんで、こんなん」

「じゃあ誰がやったん？　昨日の夜はこの家にはあんたと私しかおらんかったよ」

「……」

かなり一緒になって真剣に探したのだが、逃げたリスは見つからず、檻を口紅で塗った私は犯人にされてしまい、祖母は言い分を全く聞いてはくれなかった。

薔薇の廃屋は私が京都に引っ越す前に取り壊され、今はレストランになっている。

下着の妖怪

大阪市の城東区に住んでいる上田さんから聞いた話。

「夜中一人で川沿いを歩いていたら、女性物の下着が落ちていたんです。干していたのが落ちたのかな？　こんな所に置かれっぱなしじゃ持ち主が見つけても恥ずかしい思いをするだろうなって、拾おうしたらぐっと肩が重くなって下着が『なに見てるの？』と喋ったんですよ。私もうすっごく怖くって、悲鳴を上げて走って逃げました。あの下着、もしかしたら妖怪やったんかなあ。それとも、何か下着のフリした別の生き物やったんやろか」

後日、ほぼ同じシチュエーションの怪談を別の人から聞いた。

下着の特徴も全く同じだったので、変に怖い。その人は何かの罠ではないかと下着の言葉を聞いて思ったのだそうだ。

ちなみに場所は桜宮神社の近くで、下着の特徴はあえてここには書かないでおく。

京橋の化け物屋敷

大阪城には化け物屋敷と呼ばれる区域があり、案内板も立っている。

案内板や調べた資料によると、大阪城内の京橋口の定番《じょうばん》は、そこに物の怪《け》がいたせいでとり憑かれて在任中に発狂したり、亡くなる者が多かったそうだ。

そんな中、享保《きょうほ》十年に着任した戸田大隅守《とだおおすみのかみ》が、物の怪など恐れるに足らぬと、妖怪退治に繰り出した。そして激戦の末に、仕留めた物の怪の正体を灯火で照らすと、そこに現れたのは身の丈七尺八寸（約二九〇センチ）の大きな古狐だったそうだ。

しかし、大隅守が古狐を退治した後も、この辺りでは不可解な出来事が続いたという。

最近はあまり見かけなくなったが、大阪城周辺は昔ホームレスの青テントがそこら中に張られていた。だけど何故か京橋の化け物屋敷跡の辺りだけは、昔から青テントが張られず人通りも少ない。以前、大阪城の堀にごみを勝手に捨てている人がいたのだが、何を思ったのか急に堀に飛び込み、周りの人が呼び掛けても浮かび上がってこなかった事があったと聞いた。

少し離れた場所でも首吊り自殺があったが、夏場だったのに、何故か白骨化するまで見つからなかったらしい。

「青白い火の玉みたいなのが浮いてて、石垣に吸い込まれるように消えたん見たことあるで、それも一回や二回やない」

この手の話を何度も聞いたし、大阪城の周辺に纏わる怪談は今も昔も数多くある。大阪城の怪談については北川央《きたがわひろし》さんの『大阪城ふしぎ発見ウォーク』に詳しく書かれている。


大阪市北区に住むTさんから聞いた話なのだが、軍需工場の廃墟が大阪城の敷地内にあって、その工場の跡地近くに、大きな鉛色の塊がある。

それは、かつてその場にあった鉄鋼場の跡地から出てきた溶鉱炉石で、空襲の時に大阪城の周辺は徹底的に焼き尽くされてしまった。

その時、大阪城内の鉄鋼場の人も大勢が犠牲になり、中には生きたまま溶鉱炉の中に落ちて、亡くなってしまった方もいたそうだ。

そのせいか、鉄鋼場の跡から見つかったという溶鉱炉石の上に立ったり、不届きなことをすると祟りがあるそうだ。

溶鉱炉石は割と目立つ場所にあり、ベンチほどの大きさをしている。これがそうかなと思ったら、磁石を取り出して近づけてみれば溶鉱炉石かどうか分かる。鉄で出来ているので石垣の石とは違ってくっ付くからだ。


大阪城の周辺では観光客とは別に、城が呼び寄せるのかどうかは不明だが、奇人や変人にうっかり出会ってしまうことがある。

先日も、大阪城公園をニュージーランドからやってきた知人と一緒に歩いていたところ、冬なのに裸足《はだし》でうさぎの絵柄の缶バッチを全身に付けて、髪を逆立てた老婆に追いかけられた。「おまえらはここに来る資格がないんじゃあああ！　ものっそお喰らわんかあ」みたいなことを叫びながら追いかけられたのでかなり怖かった。

知人のニュージーランド人は俊足を自慢するタイプで、週二でジムに通っているおかげか余裕で笑いながら逃げていたが、炬燵に寄生しながら生きていて普段は全く走らない私は、相手は年上に見えても、かなり逃げ切るのがしんどかった。

他にも過去、赤い風船を持った老人に、背中に風船ガムを付けられて「美味しいガムやさかい、おすそ分け」と言われたり、椅子に座って休憩していたら見知らぬ人に突然手を頭上に翳されて読経が始まったこともある。

これは大阪市内のK大学で講師をしているという、Oさんから聞いた話だ。

「僕ね、大阪城公園で金星人に会ったことあるんですよ。城内の公園で梅の花を見て、缶コーヒー飲みながら、ええ天気やなあって思いながら歩いていたら、いきなり〝金星人です！〟って名乗る人に抱きつかれたんです。

見た感じは、芸能人に例えると、顔は桑原和男に似ていて、背は百六十センチくらいだったかなあ。服装は上が赤い半袖のTシャツで、下はバーバリーのチェック・パターンみたいな模様の入った半ズボンでした。

いきなりやったから驚いて、止めて下さいよ！　って振り払ったんですよ。そうしたら、いきなり「酷い」って相手が言いだして、また「僕金星人！」って名乗ったんです。変なのに絡まれたなあって、無視して小走りで移動していたら、急に〝○○さん！〟って僕の名前を呼んだんですよ。それには吃驚して振り返ったら、僕が鞄の中に入れてたペンケースをその人持ってたんです。いつのまに盗られたんやろって、鞄を開けてみたら白い四センチくらいの正方形の紙が入ってて。〝ちょっと返して下さいよ〟って、近寄って、手に持ってたペンケースをこうガッって相手から取ったんですよ。そしたらまた、〝僕金星人！〟って言うて、いきなり黄色いぶつぶつした卵みたいなゲロを口と鼻から出し始めたんです。

酸っぱ臭いにおいが漂って、喉がひくついて思わず貰いゲロしそうになりましたよ。自称金星人が〝もろてください、もろてください……〟ってぶるぶる体を震わせて、言いだして眼も血走ってて気持ち悪かったので、鼻と口を手で覆いながらただ走って逃げました。

その晩インターフォンが深夜にピンポーンって鳴って、不気味やったから出なくて無視してたんですけど、翌朝インターフォンの『呼』の文字の所に白い鞄の中に入ってたのと同じ、白い四センチ四方の紙が貼り付けられてたんです。

誰かは確認してないですけど、多分あの自称金星人が貼ったんじゃないかなあと思ってます。それ以来、僕怖くて大阪城公園行ってないんですよ」

あれは誰

怪談作家のNさんが自転車のベルをちりんちりんと鳴らしながら、こちらに向かって来るのが見えた。

「お久しぶりです」

挨拶したのだが、返事はなく通り過ぎられてしまった。

翌日、またNさんが自転車に乗っている姿を見たので挨拶したのだが、目が合っていたにもかかわらず無視して通り過ぎられた。何か悪いことをしただろうかと気になったが、心当たりは無い。多分声が小さかったのだろうと思うことにした。

それから一週間ほどしてから、またNさんに出会ったので、今度は大きめの声であいさつをしたが、また素通りされてしまった。

その後も何度もNさんを見かけ話しかけたが、返事は一度も無かった。

人違いという可能性は低い。何故ならNさんはいつも上下全身黒の服装に長く伸ばした後ろ髪をポニーテールのように縛った髪型に長く伸ばした髭《ひげ》と、かなり特徴的なルックスをしているからだ。

Nさんは温厚な性格で知られている。私は粗忽《そこつ》者なのできっと気が付かない間に、Nさんによほど怒られてしまうことをしたんだろうと思い、お詫びのメールを書いて送ることにした。何故なら数ヶ月後に、Nさんと合同でイベントをすることが決まっていたので、このまま気まずい関係のままでいるのはよくないと思ったからだ。

Nさんが私に対して激しく怒っているのならイベントを断られることも視野に入れ、連絡先のメールアドレスを調べるためにNさんのブログにアクセスした。

すると、そこにはNさんが事故に遭い、大怪我をして歩くのも大変な状態であると記されていた。

昨日会ったNさんは軽やかな足取りで歩いていたし、その前は自転車に乗っていた。人違いだったのだろうか……。でもあんなに特徴ある人でそんな似た人っているもんだろうか？

そう思ったその日からパタっと、Nさんだと私が思い込んでいた人を全く見かけなくなった。

この話をNさんにすると、私の住んでいる地域に行くことは殆ど無いし、怪我の間は家の外にもあまり出なかったということだった。

ドッペルゲンガーみたいで面白いから出会ってみたいと言っていたし、出来れば私もNさんに似た人を紹介したいなと思ったが、その人には毎度無視されるので連絡先の交換は無理だろう。

それにしても今思えば、急に道端で挨拶されて相手は不快だったのだろうか。でも、毎度無表情でまるで私が見えていないように去っていたが。

一度でも話す機会があれば、もっと早くに人違いということが分かったのに残念だ。

道頓堀の狸

道頓堀の食い倒れ太郎という名の人形が、ゆっくりと左右に動きながら太鼓を叩いている。食い倒れ太郎の人気は凄まじく、グッズは土産物屋で溢れ、次から次へと若者や観光客が一緒に写真を撮ろうと自撮り棒を構えてピースマークを作っている。

そんな人気者の食い倒れ太郎の、ほんの数メートル先に狸《たぬき》が祀られていることを知る人はあまり多くない。

その狸の名は、芝右衛門狸。

元禄末期。淡路《あわじ》の国の洲本《すもと》にいた狸の「芝右衛門」は大変な芝居狂いで、三隅八兵衛という侍に化けて、大阪の道頓堀にあった中座に芝居を見に通っていた。

しかし、中座の座長が、木戸銭に木の葉が混ざっていることに気が付いて、これは狸の仕業に違いないと番犬を置いた。

そんなことはつゆ知らず、いつものように化けて芝居見物にやってきた芝右衛門狸は、犬に匂いで狸だということを見破られて、噛み殺されてしまった。

すると不思議なことに、それまで大盛況だった中座のお客の入りが急に悪くなり、これは芝右衛門の祟りに違いないと噂がたちまち広がった。

そこで中座の中に祠をたて、この「芝右衛門」を手厚く祀ったところ、中座の客足が元に戻ったそうだ。

それ以降「たぬき」は他を抜くとも言われ、芸事と商売の神様として人々から大切にされ、その伝説は今も道頓堀に残り続けている。

最初の芝右衛門狸は地下の祠で一般には公開されずに祀られていたのだが、二〇〇二年に中座がガス爆発で、大炎上した時に、これは再び芝右衛門の祟りではないかという噂が起こり、新築されたビルに金の衣を纏った狸の像を置いて、現在の食い倒れ太郎近くの場所にお祀りすることに決めたらしい。

その芝右衛門狸の像の前に、地下に降りるエスカレーターがある。そこを降りた地下に劇場がある。

怪談作家の中山市朗さんとそこで何度かイベントを行った時に、奇妙な出来事が多くあった。

それは人形が声を出したりだとか、客席の人が赤い火の玉を見たとか、トイレに生首が出たとかで、誰かがそういった話を纏めたサイトだかブログがあったように記憶している。

この劇場ではお笑いのライブを行っていることが多く、出演者がトイレや舞台袖で何かを見るとウケるという噂があると聞いた。

気になったので、この劇場で何度もライブを行った経験があるという、Y興業ホールディングスに所属する漫才師さんに取材を申し込んでみた。

すると翌週、劇場の入っているビルの一階の寿司屋で話をすることが決まった。秋のことだったが、何故かその日の寿司屋は、客を凍死させるのが目的なのかと疑いたくなるくらい冷房をガンガンに効かせていた。

残暑厳しいとはいえ、これは無いだろうと両腕をごしごし擦りながら寒さに耐えていると漫才師のKさんがやってきた。まだ二十代のKさんは、顔が小さくて手足が長い、見るからに今時な感じの青年だった。

「こんにちは、○○さんの紹介で来ました。今日は取材っていうより、僕がここの地下劇場で見た体験を聞くみたいな感じなんですよね？　割とここで、なんか見たり聞いたりするっていうのは芸人仲間でも有名ですよ。後ろに誰もいないのにずうっとひそひそ声が聞こえたり、頭の方から〝おーい〟って声聞いたとか。背中をぐいって相方がいない方から押されたとか。他にも重たい鉄製の楽屋の扉が、内側に誰もおらんのにガチャッてドアノブが勝手に回って開いたりしたとか。

でも、なんか変な事が起こったり、見たり聞いたりしたって人はやっぱりウケるって聞いてます。幽霊もほら、地縛霊とかって、その場からずうっと動けないんでしょ？　だとしたら絶対舞台を見続けてるやろし、漫才もかなり聞いてると思うんですよね。だから審査する能力も結構あるんと違うかな。

僕も死んでも、漫才ライブへの未練が消えたりしないやろし、化けて壇上のコンビの周りをうろうろすると思います。そいでお前はアカン！　とか突っ込んだり、客として思いっきり笑ったり、悔しがったりすると思う。ここ来る前に調べたんですが、この建物ってずっと昔、何百年も前から劇場らしいですよね。

で、僕の体験談なんですが、前列のお客さんの足元に小さい犬が座ってじーっとこっちを見てたんです。犬っていうか、ちょっとフェレットっぽくもあったんですが、あれはペットみたいやけどここの会場って一緒に入っていいんやっけ、首輪もしてないし、盲導犬とか介助犬とかと違うよなあと思いながら、漫才をしていたんです。

その日は何故か、出すネタ出すネタどっかんどっかんウケて物凄く気持ちよくて。で、楽屋に戻ったらオレンジジュースが、紙コップに入って二つ置かれてたんです。お茶は用意されてたん知ってたんですが、オレンジジュースを買って来た人は誰もいなかったのにですよ。気持ち悪いから、トイレの手を洗うところに流して捨てたんですけど、その時こう、オレンジジュースが錆色に変色して、それ見て飲まんで良かったたあ、毒でも入ってたんと違うかあって相方と言いあったっていうことがあったんです。

あとこれは僕やなくて相方の話なんですが、握りこぶし二つ分くらいの獣が客席の間をずっと走り回っているのを見たって。

鼠《ねずみ》にしてはしっぽが大きいし毛がふさふさしてるし、変やなあ、おかしいなあ、お客さん気がついてないんやろかって、変に思いながら僕の横で話してたらしいんです。でもこういうのを見たり聞いたのって舞台慣れしだしてからなんですよ。最初の頃はもう噛んだり緊張したりで、もし、何か見たり聞いたり、目の前に怪物や亡霊が座っってても見る余裕無かったと思います」

伏見稲荷にて

昼間は観光客でごった返している京都の伏見《ふしみ》稲荷大社だが、夜は静かだ。

妹と一緒に、昼間は混んでいるという理由で、夜にお参りに行った。

麓から山頂までの半ばにある四辻の辺りから道に迷ってしまい、特に参道から離れた記憶はないのだけれど、道とは言えないような場所に入り込んでしまった。

どこからか、ざああっと滝のような水音が聞こえる。少し歩くと、誰も住んでいない廃墟のような家屋があった。

携帯電話の地図機能を使っても、今自分が伏見稲荷大社のどこにいるのか、よく分からない。これは駄目だなと思い、妹と私は元来た道を戻ることに決めた、すると林の中から突然、五、六人の若者が飛び出して来た。

「やばいやばい、やばい、これは、相当やばいって、絶対」と言いながら、私と妹が来た道を走っていき、あっという間に見えなくなった。

「さっきのは何だったんだろうね」と妹と言いながら、適当に歩き続けると山頂の一ノ峰の辺りについた。

それからお腹が空いたので、山を下って、路地のような民家横の細い道を通って、焼いた雀《すずめ》を出してくれる茶店に入った。

風情のある茶店で、客は私と妹だけで、柱には古い時計がかかっていて、カチカチと針の音を鳴らし続けている。団扇でぱたぱたと体を仰いでいる老婆がいて、時折蚊取り線香の匂いが夏のぬるい風に乗ってこちらまでやってくる。

雀の串と焼いた餅を食べ、店の人にさっき見た若者たちのことを伝えると、こんな話をしてくれた。

「昔のことやけどね、奥の方に滝行をする場所があるでしょ。そこから人が、足に落ち葉やらごみやら土やらを全身にくっ付けて真っ青な顔で震えながら、うちに来たことがあってねえ。どないしたんって聞いたら、滝行する場所の近くに着替えるための小屋があるんですけどね、その場所に刺繍が盛り上がった打掛があって、金や銀の糸がふんだんに使われていて、それが物凄く禍々《まがまが》しいモノに見えたから、着替えないで走ってここに来たって言うんですよ。

顔色があんまりにも悪いし、薄い衣が体に張り付いててね、お金はいいですからってあったかい甘酒を飲ましたら、顔の表情がぐうっとゆがむように変わってケラケラ笑い出してん。何か嫌なものが憑いているような気がしたから、あんたしっかりし！ って背中を勢いよく二、三度叩いたんです。するとねえ、パッと面剥ぎのように表情が変わってね。温かいおうどん食べて、すたすたと歩いて帰らはったわ。

たまあにねえ、何か出たとか出るとか見るとか、お客さんから聞きますよ。ただ、火の玉が出たあって騒ぎあってどこどこって出て行ったら、ゆらゆらとオレンジ色の火が空で揺れとってねえ。えらいもん見た！ と思ったら、あれは夜に鴉が火のついた蝋燭運んどっただけみたい」

「鴉って火怖くないんですか？」

「怖がらんよ、全く。それに何でか知らんけど蝋燭の蝋が大好き。溶けた蝋をごくごく飲むように黒い羽根を広げた鴉達が食べとったん見たことあるよ。小火《ぼや》起こしかけたことあるから、鴉のいる場所ではお参りする時は蝋燭の火を消しといてな。泥棒は手に持てるだけしか持って行けへんけど、火事は全部持って行くからね。私が一番この世で怖いのは火やね。だから毎朝火の神様に拝んでるよ。焼け死にませんようにって。ここいらは道が細いし険しいから、消防車も入って来れないでしょ。私はお化けや人より火事が一等恐ろしい。

でもねえ、前ここで働いてた子が内緒で寝たばこ吸っててね、しかもバレないようにって布団被って吸ってたの。酷いでしょう。そして吸ってるうちに寝てしまったみたいで、朝起きたら布団が敷布団もかけ布団も真っ黒。でも本人のパジャマは焼け焦げてないし、火傷もしてなくって、あれは伏見におる神様がなんとかしてくれたんかもしれんって思ってるよ」

京橋商店街

よく利用していた大阪環状線の京橋駅に隣接していた大型量販店が閉店してしまったこともあり、最近京橋駅からの少し歩いた場所にある、商店街で買い物をよくしている。

どういう関連や謂れがあってのか分からないが、商店街の入り口には、本場ローマにあるものより大きい『真実の口』のレリーフが飾られていて、口の所には紙製の吹き出しが貼り付けられており、時事ネタや洒落や、季節のあいさつが不定期で書き込まれている。

そんな京橋商店街が途切れた辺りに銭湯がある。

そこの銭湯のサウナ室で知り合ったおばちゃんが、こんな話を教えてくれた。

「この辺りは今は住宅地やら商店街やらに来る人らで賑やかしいけど、昔は野江《のえ》刑場っていうのがあって凄い寂しい場所やったみたい。

私ね、古い地図見るのが好きで、地名とかから色々と調べるのを趣味にしてんねん。

処刑場が野江に置かれたんは、大坂夏の陣の後で、豊臣方の残党を捕えて処刑したのが始まりやってんて。最後にここで処刑されたのは明治初期で、女性やったらしいわ。

罪状は、奉公先に火を点けて主人を殺したとかで、名は「おかめ」。中河内郡《なかかわちぐん》の楠根《くすね》村稲田の大工の娘さんやったみたい。おかめは抜群の美人やったから、処刑の当日、見物人が殺到して、沿道の田畑は人で一杯で、踏み荒らされてその年は作物の収穫が出来なかったらしいわ。晒されている間も、生前の「おかめ」の絵姿を売る人までおってんて。

その「おかめ」の伝説やけど、晒されている間、美男子の見物人が来たら微笑んだそうや。明治が終わって昭和の始め頃までは、おかめの火が見えるとか、綺麗な顔の女の子はその火を見たら顔にやけどを負うとか言う噂があったらしいわ。

今は何もこの辺り聞かないけどね。でもやったら火事が多いでしょ。こないだも結構大きいニュースになるような火事があって、何か私はこじつけや思うけどおかめの祟りか呪いだと言う人もおったくらい。

でもねえ、大阪なんて長い歴史ある街やし、人が死んでない場所の方が少ないでしょ。扇町公園のとこなんか、いまだに生き埋めになったままの死体があるそうやし。

そういうの大阪に多いし、注意して地図見てみ。

あれ？　この道不自然ちゃうかな？　って思ったらだいたい人がようさん死んだとか、歴史上の人物が災難に遭った場所やから。狭い日本でそんなこと気にしててもしゃあないしね。人が死んだ場所で幽霊が必ず出たり祟ったりしてたら、日本なんか直ぐに滅ぶと思うわ。だって絶対今生きてる人間より、死んだ人間の方が数多いやん」

夏に商店街の貸教室を借りて怪談会をやった所、野江刑場の跡近くで、青白い火がちらちらと瞬きながら浮いているのを見たという人がいた。

その人に野江刑場やおかめの話について知っているかと聞いたところ、知らなかったようで、本人はティンカーベルを見たと思っていたと語ってくれた。

京橋の商店街のどこかに小さな光る妖精が住んでいるのか、それとも幽霊なのかは分からない。

ちなみに貸し教室でやる怪談会は、近くにビラを貼る程度の広報しかしていないせいもあると思うけれど、客が全く来ないパターンが多い。

あまり京橋界隈の人は怪談に興味がない……のだと思いたい。自分の開催する怪談会はつまらないから行かないと思われている可能性については考えないようにしている。

立ち飲み居酒屋裏の墓場

ＪＲ大阪環状線の京橋駅近くにマグロで有名な立ち飲み居酒屋がある。何でも最近動画配信サイトの「ストリート・グルメを求めて」という番組内で紹介されたとかで外国人客も増えている。

そんな立ち飲み居酒屋の真裏にあるのが蒲生《がもう》墓地だ。大阪市内に残っている七墓のうちの一つで大変古い。

数年前までは誰でもいつでもお参りすることが出来たのだが、酔漢が墓石に小便をひっかけたりしていたせいか、蒲生墓地の入り口の扉に鍵が取り付けられて入れなくなってしまった。

「七墓《ななはか》巡り」とは江戸時代に大阪町衆の間で大流行した風習だ。お盆になると、大阪内にある梅田《うめだ》、南濱《みなみはま》、葭原《よしはら》、蒲生、小橋《おばせ》、千日《せんにち》、鳶田《とびた》の七墓を、町衆は友人や家族と一緒に巡ることを楽しんだものだったのだが、明治維新以後の近代都市化によって、墓所が消滅したことと、墓を楽しみながら巡るのは不謹慎だという声が上がり、いつの間か七墓巡りは消えてしまったそうだ。

しかし最近「七墓巡り」を復活させて大勢で楽しもうという活動を行っている人がいるらしい。インターネットで「七墓巡り」とキーワードを入れて検索すると、産経新聞の記事で「肝試しか婚活か…近松作品に登場する【大阪七墓巡り】現代人がはまるワケ」と出てきた。

そんな七墓の一つである蒲生墓地なのだが、墓所内には二百年前の六地蔵や、子供を産むように、いつの間にか自然と増えているという伝説のある子産石や、人二ハ一一と刻まれた墓石がある。これは、実は判じ物を刻んだ教訓墓で、「人には（芯棒＝辛抱）が一番」と読み、人二ハ一一を一字にまとめると「金」という字になる。

お墓を建てた人が、子孫に対して「商売には辛抱が一番大事」という教えを説いたものだそうだ。

他にもどれかは分からないが、拝むと博打にご利益のある地蔵があるらしい。

そんな蒲生墓地の裏側にある立ち飲み居酒屋と墓場に纏わる話を先日、京橋駅近くの串カツ屋で聞いた。

その店は串カツ屋なのだが何故か名物が湯豆腐で、夏場でもよく頼んでいる人を見かける。私も卵や玉ねぎ、牛串なんかを頼んでから、季節を問わず締めにとろろ昆布のたっぷり入った湯豆腐の小鍋を頼むことが多い。

湯豆腐を食べる時に、醤油を渡すことをきっかけに私と話し出した中年の男性が、実は七墓巡りのイベントの主催者の関係者だと分かった。そして、話すうちにこんな話題が出た。

「あのなあ、七墓でもちゃんと残ってるのって蒲生くらいやろ。だから、大切にせなあかんのに、あの場所の近くで飲んでる人らは、墓になぁんの興味もないねん。でな、こないだ蒲生墓地近くで同僚と飲んでいたら〝俺はお前のご先祖様や〟って言う人が急に混ざって来てね、面白《おもろ》いおっちゃんやし、まあええかあってなって。そいでその自称〝ご先祖様〟がな、こっちは名乗っても無いのに俺の名前を言うてから〝今やってる商売大変やろ、でも○○との貸し倒れの回収分くらい直ぐ何とかなる。裏の墓石にもあるように、辛抱したら必ず金入るで〟ってアドバイスし出してん。ちょっと気味悪かったけど、携帯で仕事のメール打ち込んでる時か電話している時に横から見るか聞いたかして、そっから適当なアドバイスしてんのかなって、気にせんと気持ちよく飲んでてん。

支払って京橋の中央改札口でその人とは別れて。それだけやったら、けったいな人に呑み代たかられたってだけの話なんですが、改札口で別れる前に自称〝ご先祖様〟に名前と連絡先を聞いたんです。もし後日、変な請求書や勧誘をこいつからされたら、連絡先を警察に伝えて通報したろと思ってね。そしたら名刺をくれてんけど、手書きで電話番号も住所もなく名前だけが書かれてて——。

それで去年ね、兄貴の住んでる実家に帰って、亡くなった親族の写真を見ていたら、その人が写ってたんですよ。名前も名刺に書かれとったのと一緒。偶然やとしても驚きました。でも幽霊でも飲み食い出来るもんなんかなっていうのが腑に落ちませんけどね」

そして、その人に「他にこの辺りで怖い話とかありません?」と聞いたら、先日発砲事件のあった○○組系列の入居者がいるという噂の某ビルが、京橋駅の中央改札口から出て五分程の場所にあるということを教えてくれた。

そこでは人が撃たれたり、撃ち殺されたりしたことがニュースにもなっていたので知っていたが、私はその場所を取材する勇気は持ち合わせていない。

あとがき

土地に纏わる話や伝承が昔から好きで気になっている。

妖怪が出たという場所があれば、出かけて行くし、そういうのを見たという人がいれば話を聞きに行く。たまに怪談会を開いたり、参加してみることもある。

普段から目にしている風景が、誰かの体験や話によってがらりと変わって見える瞬間が好きだし、知らない土地にそんなことがと、話を聞いて驚くのも楽しい。

取材したテープを聞き返してみると落ちの無いものや、都市伝説をそのまま自分の体験談として語っているものや、私のせいで全く関係ない雑談に話題が移行してしまったものも多くあった。

作中の話は取材者の希望や事情によって、あえて少し内容を変えてある部分もあるし、取材を繰り返すうちに内容が変わってしまった話もあった。

今作を自分で読み返してみたところ、特定の地域周辺の話に偏っているなあと感じている。
もし次作の機会が与えられれば今度は私の生活圏の移動範囲だけでなく、普段行かない場所で話を採取してみたい。余所者の視線と、その場に暮らす者の視点は異なると思うからだ。

二〇二〇年　田辺青蛙

関西怪談

2020年3月6日　初版第1刷発行

著者　田辺青蛙
企画・編集　中西如（Studio DARA）
発行人　後藤明信
発行所　株式会社 竹書房
〒102-0072 東京都千代田区飯田橋2-7-3
電話03(3264)1576(代表)
電話03(3234)6208(編集)
http://www.takeshobo.co.jp
印刷所　中央精版印刷株式会社

定価はカバーに表示しています。
落丁・乱丁本の場合は竹書房までお問い合わせください。
©Seia Tanabe 2020 Printed in Japan
ISBN978-4-8019-2187-0 C0193

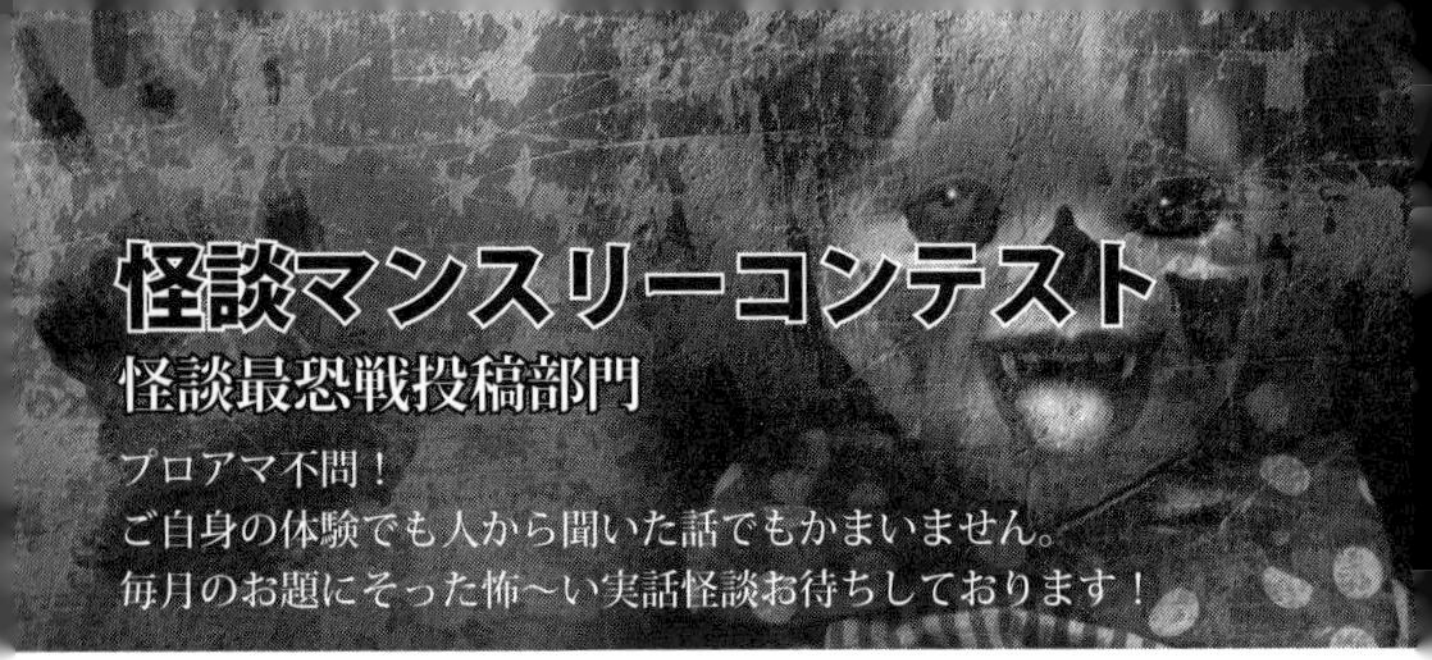

【3月期募集概要】
お題：　卒業に纏わる怖い話

原稿：　1,000字以内の、未発表の実話怪談。
締切：　2020年3月20日24時
結果発表：　2020年3月29日
☆最恐賞1名：Amazonギフト3000円を贈呈。
※後日、文庫化のチャンスあり！
佳作3名：ご希望の弊社恐怖文庫1冊、贈呈。
応募方法：　①または②にて受け付けます。
①応募フォーム
フォーム内の項目「メールアドレス」「ペンネーム」「本名」「作品タイトル」を記入の上、「作品本文（1,000字以内）」にて原稿ご応募ください。
応募フォーム→ http://www.takeshobo.co.jp/sp/kyofu_month/
②メール
件名に【怪談最恐戦マンスリーコンテスト 3月応募作品】と入力。
本文に、「タイトル」「ペンネーム」「本名」「メールアドレス」を記入の上、原稿を直接貼り付けてご応募ください。
宛先：　kowabana@takeshobo.co.jp
たくさんのご応募お待ちしております！

★竹書房怪談文庫〈怖い話にありがとう〉キャンペーン第2弾！
最新刊の収録話を人気怪談師が語りで魅せる新動画【怪読録】無料配信!!

読む恐怖×聴く恐怖——“怪読録”。YouTube公式・竹書房ホラーちゃんねるにて、人気怪談師が毎月月末発売の怪談文庫より選りすぐりの新作を語りで聞かせます！
耳で読む最先端の恐怖に触れたい方は、いますぐチャンネル登録！
●竹書房ホラーちゃんねる公式：http://j.mp/2OGFDZs